CODE

DE

DROIT MARITIME

INTERNATIONAL

I

CODE

DU

DROIT MARITIME

INTERNATIONAL

TEL QU'IL EXISTE CHEZ LES NATIONS

EN TEMPS DE PAIX ET EN TEMPS DE GUERRE

depuis les temps les plus reculés jusqu'à nos jours

SELON L'ÉCOLE HISTORIQUE

PAR

M. SIEGFRIED WEISS

DOCTEUR EN DROIT PRIVÉ ET EN DROIT PUBLIC

auteur de plusieurs ouvrages de diplomatie, de science d'État, de jurisprudence, etc., etc.
Membre de plusieurs Sociétés savantes, etc., etc.

OUVRAGE COURONNÉ

PAR LA FACULTÉ DE DROIT DE FRIBOURG (EN BRISGAU).

« The jurisconsults did consider the international
law so as it is, but not as it ought to be. »

(Discours de lord Clarendon, fait au Parlement
anglais, le 25 mai 1858.)

Paris

AMYOT, ÉDITEUR, 8, RUE DE LA PAIX

MDCCCLVIII

Droits de traduction et reproduction réservés

DÉDICACE

A SA MAJESTÉ L'EMPEREUR

NAPOLÉON III.

GRAND ET PUISSANT EMPEREUR.

Sire,

La société doit à la France et à la Dynastie Napoléonienne une haute reconnaissance pour le progrès qu'elles ont introduit dans l'équité des lois en général.

Napoléon 1ᵉʳ, l'auguste oncle de Votre Majesté, n'avait en vue, même en faisant la guerre, que de civiliser la société par de bonnes lois qui pussent gouverner les nations d'une telle manière qu'elles fussent égales dans la civilisation et dans la marche de la politique française, afin de conjurer le mal du despotisme et de l'oppression. L'Angleterre n'a pas su comprendre cette grande idée de votre auguste oncle.

Mais malheureusement Napoléon Ier n'a pu accomplir entièrement cette tâche, et il a laissé à Votre Majesté le soin de l'achever.

Les nations qui vivent dans notre civilisation ont un ardent désir de se voir traitées et gouvernées par des lois égales et équitables du droit privé et du droit public ; car elles répètent sans cesse et avec raison que ce qui est bon et juste pour l'une doit l'être également pour l'autre, puisqu'elles sont égales devant la loi divine.

Les peuples réclament ainsi les bienfaits de la loi française du *Code Napoléon*, qui existe déjà à peu près partout où la civilisation a pu pénétrer sous le règne de Napoléon Ier.

Mais toutes les nations se trouvent encore sans lois positives du droit public international, et c'est là un grand vide et un mal que Votre Majesté aussi bien que toute autre personne de compétence dans les affaires d'État doit remarquer dans la législation des nations.

Les peuples multiplient de plus en plus leurs relations internationales ; mais puisque ces relations ne sont pas réglées par des lois positives qui limitent les droits et les devoirs de chacun d'eux, il en résulte la révolution, la discorde, l'oppression et la guerre. Car tous les gouvernements ne sont pas justes dans leurs actions,—comme j'en ai fait la triste expérience auprès des gouvernements belge, saxon, autrichien, prussien, suisse, etc., etc. J'ai pu me convaincre que ces gouvernements étaient capables de tout faire contre moi par une conspiration diplomatique, parce qu'il n'y a pas de lois qui limitent l'arbitraire des fonctionnaires publics.

Pourtant j'étais partisan sincère des dynasties, et je ne désirais que la justice pour tout le monde, aussi bien pour les peuples que pour les gouvernements et les trônes. Mais cette justice regarde peu les oppresseurs diplomates et fonctionnaires publics gagnés par la Russie et ses alliés; car ruiner peuples et trônes moyennant l'oppression, c'est là leur plan.

Si un gouvernement n'est pas juste, il est impossible que le peuple puisse l'être; car il donne l'impulsion à la vie sociale, et s'il se sert de l'injustice et de l'oppression pour la gouverner, la nation devient corrompue et injuste à son tour envers son gouvernement. Peu de gouvernements veulent comprendre cette logique, et ils vivent ainsi avec leurs gouvernés sur un volcan, dans une vibration dangereuse qui menace de les engloutir, parce qu'ils disent, avec le principe russe, que la justice n'est pas obligatoire pour un gouvernement, s'il veut arriver à un but proposé!

Comme gouvernements chrétiens, ils ne veulent pas comprendre que la justice renferme la stricte exécution des bonnes lois positives et l'action selon le juge-

ment impartial d'un homme d'équité sur le bien et
le mal, ou plutôt sur la loi naturelle.

C'est ce mal auquel Votre Majesté cherche à remé-
dier en Italie, pour protéger la justice et la civilisation,
en poursuivant le but que votre auguste oncle n'a
pu atteindre pour régler les droits et les devoirs des
hommes et des peuples entre eux. — Dieu forti-
fiera l'âme de Votre Majesté pour continuer cette
généreuse initiative, malheureusement si rare à trouver chez les chefs d'États, qui ordinairement aban-
donnent aveuglément les affaires publiques à leurs
serviteurs, et très-souvent au profit d'une autre puissance, comme le veut le principe du système politique extérieur russe.

Tandis que la France est ainsi dirigée par Votre
Majesté, l'Angleterre, qui comprend AUJOURD'HUI
qu'elle doit marcher avec les peuples de la civilisation, s'est alliée à la France pour protéger la justice en général; car, en effet, sans cette alliance il

n'y a pas de civilisation possible, et sans elle les nations civilisées doivent tomber dans la décadence par
l'invasion du joug et de l'oppression propagés par les
alliés de la Russie.

La France est déjà mal considérée, comme l'est
l'Angleterre, par certains hommes d'État du parti
russe qui disent hautement que les vrais principes politiques français et anglais nuisent à l'absolutisme et
au plan de soumettre les peuples à une volonté absolue et au despotisme des fonctionnaires publics.
— Il y a ici des principes de l'humanité et de la
justice en lutte contre la barbarie. — Si la France,
isolée de l'Angleterre, était obligée de marcher avec
ses ennemis et de se soumettre aux principes et au
système politique barbare qui lui ont toujours été si
antipathiques, elle tomberait dans la décadence et au
pouvoir de ses ennemis, les partisans du système politique russe, qui l'anéantiraient comme c'est leur plan.

Mais si au contraire elle reste liée avec l'ANGLE-

TERRE D'AUJOURD'HUI et soutient la justice et la marche de la civilisation, alors elle sera victorieuse chez elle et régnera avec ses amis sur le continent à la place où voudrait arriver la Russie. — Car c'est la France, l'Angleterre et la Russie, la justice et l'injustice qui se disputent la place dans notre siècle, et certainement la justice sera victorieuse, tous les hommes la reconnaissent, même ceux qui ne sont pas dignes de la création de Dieu.

C'est ainsi qu'il faut comprendre l'alliance avec l'Angleterre à l'exclusion de celle avec la Russie, sans même considérer que les institutions politiques russes empêchent les autres nations de profiter d'une relation internationale libre et loyale avec le peuple russe, — tandis que la Russie veut que les autres peuples lui fassent toujours des concessions (1).

(1) Voir mon article dans le journal anglais le *Times* du 27 janvier, intitulé « *France and Russia*, » En démontrant dans cet article les défauts du système politique russe, je mentionnais les droits élevés que le gouvernement russe perçoit sur les marchandises et les navires étrangers. — Trois mois après, nous avons vu avec plaisir que la Russie « *a du moins cédé sur ce point* et réduit son tarif des douanes *pour faciliter* les relations internationales.

L'alliance entre la France et l'Angleterre avait été du reste déjà discutée littérairement il y a six ans, dans mon ouvrage : « *La France politique et son* « *droit actuel*, Vienne, 1851-1852 » (ouvrage *confisqué plus tard par le gouvernement autrichien*). Cette alliance est donc un véritable bienfait pour la civilisation des nations.

Dans le Congrès de la troisième Paix de Paris de 1856, le besoin de s'occuper de l'équité du droit maritime international s'était déjà fait sentir.

L'ouvrage que j'ai l'honneur de mettre sous les yeux de Votre Majesté traite du droit maritime international, et il est écrit dans le but de favoriser la civilisation par la loi équitable et par la justice.

Mais comme il n'a été donné effet qu'à quelques stipulations seulement à l'égard dudit droit, je pense, dans l'intérêt d'une classe mal aisée, etc., etc., qui risque biens et vies sur la mer, avoir facilité la tâche des gouvernements pour l'établissement d'un droit maritime international équitable par le présent Code, qui comprend dans sa première partie, *l'iniquité de la loi écrite de l'école historique*, et dans la seconde partie, *l'équité de l'école du droit naturel*.

Je serais heureux de voir un jour les jurisconsultes de tous les États convoqués officiellement sous la protection amicale du gouvernement français, dans le but de faire accepter ledit Code comme loi des nations, et d'établir, d'un commun accord, un Code général du droit international, basé sur l'école du droit naturel, pour qu'il soit mis fin à l'oppression des personnes, dès lors qu'elles se trouvent avec leurs biens sur le sol étranger, — et enfin pour que les nations puissent vivre en paix entre elles.

C'est dans ce but que je prie Votre Majesté d'accorder son haut appui au présent ouvrage qui est le fruit de tant d'années d'études et de travail, — car pour une « *raison diplomatique* » le ministère des afaires étrangères et le ministère de la justice lui avaient refusé leur appui.

Daignez, Sire, accepter mes hommages les plus respectueux.

De Votre Majesté, le très-humble et obéissant serviteur.

Siegfried WEISS.

Paris, au mois de février 1857.

A LA HAUTE ACADÉMIE

DES SCIENCES MORALES ET POLITIQUES

DE L'INSTITUT DE FRANCE.

En commençant cet ouvrage, je rends hommage à l'Académie des sciences morales et politiques de l'Institut de France, pour avoir encouragé une œuvre qui pourra rendre des services immenses à la civilisation générale.

L'Académie a proposé un prix pour le meilleur ouvrage, ayant pour base :

« Rechercher les origines, les variations et les « progrès du droit maritime international, et faire « connaître les rapports de ce droit avec l'état de la « civilisation des différents peuples. »

M'intéressant depuis longtemps à cette question dans le but de perfectionner le droit international, j'ai fait le présent ouvrage, qui contient en sa première partie : le droit maritime international tel qu'il existe chez les nations, et en sa seconde partie : le droit maritime international tel qu'il devrait exister chez les nations, en temps de paix et en temps de guerre.

Mais l'Académie a demandé une appréciation raisonnée des progrès du droit maritime depuis son origine jusqu'à nos jours.

De plus, elle a demandé une solution de la question : « Le droit maritime international procède du droit des gens; mais le droit des gens se divise en droit naturel des gens, et en droit positif des gens (pragmatique ou volontaire). Duquel des deux dérive le droit maritime international? »

La solution de cette importante question déterminera la nature et l'esprit des principes de ce droit.

Ainsi donc j'ai donné dans la première partie de cet ouvrage les origines et les variations du droit maritime international, et dans la seconde, une appréciation raisonnée dudit droit.

Mais ayant démontré que le droit maritime international est basé sur le droit naturel des gens, et que les traités comme les écrits des auteurs se basent au contraire sur le droit positif des gens, — j'ai dû donner une nouvelle interprétation audit droit et en former une nouvelle base; cette maxime a été déjà suivie dans mon ouvrage sur : Le Code du droit et du devoir d'une puissance neutre, Paris 1854.

Pour que ce droit maritime international raisonné

en temps de guerre et en temps de paix puisse devenir d'une utilité pratique pour toutes les nations, je
l'ai codifié en vingt-cinq chapitres, qui se trouvent
dans la seconde partie du présent ouvrage, intitulé :
« Le droit maritime international, tel qu'il devrait
exister chez toutes les nations en temps de paix et
en temps de guerre. »

Ce Code est donc fondé sur la loi équitable, indépendamment des intérêts privés, et je pense pouvoir
dire : « Qu'il contient toutes les appréciations qui
doivent être considérées dans la formation d'un Code
complet du droit maritime international. »

Siegfried WEISS.

Paris, 1853-1857.

AVANT-PROPOS

DU PREMIER VOLUME.

—————

Des longues années d'études sur le droit en général et de recherches sur le droit public, m'ont convaincu d'un grand vide qui existe dans cette partie de la jurisprudence.

Ce qui lui manque surtout, c'est une base positive selon l'équité du droit naturel des gens, pour qu'il soit appliqué à toutes les nations dans l'intérêt de leur civilisation, afin que les droits de chacun soient respectés ; car c'est par cette équité qu'on reconnaît la véritable civilisation.

Le droit public privé est exécuté dans les États en deux manières différentes : 1° selon la loi non écrite ou coutumière ; 2° selon la loi écrite ou positive par des chartes, constitutions et ordonnances à l'égard des institutions politiques et des fonctionnaires publics.

Dans les États où le droit public privé existe d'après la loi non écrite ou coutumière, toutes les affaires d'État sont abandonnées à la volonté personnelle des fonctionnaires, et c'est là où règnent l'injustice, le despotisme, l'anarchie, l'oppression et le terrorisme, sous le faux prétexte : que les fonctionnaires publics sont les maîtres et ont le droit de gouverner la société comme ils le jugent convenable ; tandis qu'ils n'ont que la mission d'agir selon l'équité de la loi, et d'administrer ainsi la société. — Un ministre de Napoléon III disait dans un de ses rapports à l'Empereur, qu'il faut déconcentrer l'administration et concentrer le pouvoir. C'est bon à dire, mais, en pratique, il est impossible de concentrer un pouvoir en déconcentrant l'administration ; car l'un est dépendant de l'autre. En général, il faut considérer comme un mauvais événement politique quand dans une monarchie on déconcentre l'administration du pouvoir concentré, c'est alors un gouvernement des employés Pierre, Jean et Paul, etc., et non pas un gouvernement d'un chef d'État, et de ses ministres responsables, considérés comme protecteurs des droits de la nation.

Le droit public privé selon la loi positive supprime

le libre-arbitre et règle réciproquement les attributions et les droits et devoirs des fonctionnaires du gouvernement et de la nation.

Mais le droit public international est d'une plus grande importance encore pour la civilisation; car il touche, non-seulement au droit et aux devoirs d'une seule nation, mais aux obligations que toutes les nations se doivent entre elles.

M'étant donc trouvé en face d'un vide contraire à l'équité du droit public en général, j'ai fait publier un ouvrage en allemand sur le droit public privé intitulé :

Juridisch-politische Staatsgrundsaetze, Wien 1850.
(Principes juridiques-politiques, Vienne 1850.)

En continuant mes efforts pour la civilisation du droit, j'ai dû ensuite fixer mon attention au vide qui se trouve dans le droit international, et spécialement au droit maritime international, parce que dans cette partie sont compris les droits et les devoirs d'une classe mal aisée de toutes les nations, qui, pour vivre par son travail, risque constamment sa vie et ses biens sur la mer.

Par cette raison je m'étais décidé d'écrire un ou-

vrage sur cette partie de la jurisprudence des nations.

Puisé dans les premières bibliothèques d'Europe,
et muni d'un matériel utile, j'ai pu commencer le
présent ouvrage, sous la tâche bien difficile de former la loi équitable au milieu des abus dont le droit
maritime international fut assujetti depuis les temps
les plus reculés jusqu'à nos jours.

Comme membre de la Société de Rhétorique de
l'Université de Berlin, j'ai été élu, en 1849, rappor-
teur concernant le droit maritime international, et,
depuis ce temps, j'ai été constamment occupé à recueillir les recherches que j'avais déjà faites sur le droit
maritime international.

Après plusieurs années de travail je pense être
heureusement arrivé au but proposé en exposant par
le premier volume du présent ouvrage, l'inéquité du
droit maritime international de l'école historique, et
dans le second volume l'équité du droit maritime international basé sur une nouvelle école du droit naturel. Il me reste maintenant le désir que la civilisation des nations profite par la publication du présent
ouvrage.

Avant de finir cet avant-propos, je ne peux pas

passer sous silence le bon accueil que j'ai reçu en Angleterre du Dr Bulteel et de M. Bluewitt, directeur de la Société Royale littéraire qui ont puissamment contribué à l'achèvement dudit ouvrage. — Je leur en sais d'autant plus gré, que comme exilé demeurant depuis dix ans en France, je n'y ai non-seulement trouvé aucun appui, mais aussi après tant d'années de travaux et tant de sacrifices personnels que j'ai faits pour la justice, j'y voyais comme ailleurs dompter par la coalition MES DROITS LES PLUS SACRÉS, ce qui ne facilitait pas mon activité. — Mais l'ouvrage paraît et c'est tout ce que j'avais à désirer, *malgré la conspiration de certaines personnes de la diplomatie,* qui m'a fait subir tant d'injustices pendant de longues années. Quand mon ouvrage sur les droits et les devoirs d'une puissance neutre parut en 1854, feu le ministre de la marine, M. Alexandre Ducos, me disait qu'il ne le pouvait pas prendre en considération parce qu'il ne traitait pas exclusivement du droit maritime international. Je regrette donc que ce ministre n'ait pu voir le présent travail, mais j'ai l'espérance que le ministère de la Marine, aussi bien que les ministères des Affaires Étrangères, de la Justice et du Commerce, etc., sau-

I.

ront en profiter dans l'intérêt de la civilisation : car, comme le disait le ministre, M. Ducos, un livre qui montrerait le droit maritime international en pratique et le droit tel qu'il devrait être pratiqué et qui n'existe pas encore chez les peuples, doit trouver, à juste titre, des protecteurs.

Le docteur SIEGFRIED **WEISS.**

Paris, faubourg Saint-Germain 1853-1856.

L'Académie ayant décidé dans sa séance annuelle de 1858 que son concours pour le meilleur ouvrage sur le Droit Maritime international sera annullé, par suite de la violation faite au réglement par deux des trois concurrents qui s'étaient fait connaître, a refusé de statuer sur moi, le troisième concurrent, qui s'était conformé au programme, et ainsi n'a pas voulu m'adjuger le prix.

En conséquence, j'ai adressé à l'Académie la protestation suivante que je mets sous les yeux du lecteur, afin de lui faire connaître le motif du retard apporté à la publication de ce livre.

A l'Académie des sciences morales et politiques de l'Institut de France à Paris.

« L'Académie a reçu un travail sur la question proposée du droit maritime international que je lui ai adressé et qui a été inscrit sous le numéro 2.

« Au lieu de me juger comme concurrent qui n'a pas rompu les conditions du programme, l'Académie, dans sa séance du 7 août, a annullé le concours en ne mentionnant que les deux concurrents qui n'avaient fourni qu'un travail incomplet et s'étaient mis hors de concours.

« L'Académie n'a tenu aucun compte de mon travail qui non-seulement a déjà rendu des services importants dans les affaires internationales et diplomatiques (1), mais dont le mérite a été reconnu par l'une des premières facultés de droit de l'Europe (2).

« L'Académie a donc agi envers moi et envers la science avec une partialité et une injustice, contre lesquelles je proteste non parce que je n'ai pas obtenu le prix d'argent, mais parce que cette injustice de l'Académie m'a causé des pertes réelles. En effet, mon ouvrage qui était imprimé depuis seize mois et qui ne pouvait être publié, afin de conserver mes droits au concours, a dû rester jusqu'ici inconnu au public.

Agréez, etc., etc.

Le docteur SIEGFRIED WEISS.

Paris, août 1858.

(1) Voir le *Morning Post* du 8 mars, l'*Observer in Italy* du 5 mars, l'*Avenir de Nice* du 27 février, etc., etc., concernant mon plaidoyer dans l'affaire du Cagliari.

J'avais fait ce plaidoyer sur la demande des avocats faite au nom des gouvernements anglais et sarde, qui avant avoir reçu mes consultations et mes ouvrages sur le Droit maritime international, me promettaient la reconnaissance des partis y intéressés. C'était de même avec le ministre sarde comte de Cavour qui, en recevant mes ouvrages et le plaidoyer, en fût enchanté; mais quand l'affaire fût terminée en leur faveur, — ils ne m'en surent aucun gré.

(2) La Faculté de droit de Fribourg en Brisgau.

CHAPITRE PREMIER.

—

Rien n'était positif chez les anciens à l'égard du droit maritime international ; ce droit n'était formé ni en loi positive ni en science. Les premiers peuples qui se distinguèrent par leur commerce et leur navigation furent les Phéniciens et les Tyriens ; mais d'après les auteurs : THUCYDIDE, SICULUS et JUSTIN, la seule règle maritime internationale suivie dans ce temps consistait en la maxime : « Que le pillage des « vaisseaux doit être considéré comme un acte de « guerre, s'il n'est pas expressément permis par le « souverain. »

En effet, la piraterie était alors la cause de longues guerres, et les peuples qui, d'après ces historiens, avaient obtenu la domination sur la mer, commencèrent à songer à la sûreté sur la mer, pour que le commerce et la navigation entre les nations ne fussent pas entravés par le pillage des pirates. — Ils entreprirent contre ces derniers de grandes expéditions pour les chasser de la mer, et c'est ainsi que se forma le premier principe au sujet de la mer libre et de l'illégalité de la piraterie.

Pour favoriser ensuite les relations internationales, ce principe de la liberté fut appliqué à la protection que les nations s'accordèrent mutuellement en cas de naufrage, etc.

Pardessus, dans sa Collection des lois maritimes, tom. I, pag. 33-34, nous fait connaître comment les nations commencèrent à pratiquer réciproquement la maxime : « Que la propriété et la personne des naufragés qui se rendent à la côte étrangère pour y faire du commerce, doivent être protégées. »

Plus l'homme a senti qu'il n'était pas un être sauvage, plus il a respecté dans tous les temps le droit d'autrui, et c'est ainsi que nous devons comprendre la civilisation des nations, et en conséquence les progrès du droit maritime international.

GRECS.

Les États de la confédération grecque avaient conservé une certaine souveraineté l'un vis-à-vis de l'autre; cette indépendance avait donné lieu à des relations internationales. — Les petits États de cette confédération cherchèrent naturellement à soutenir cette indépendance, et pour être assez puissants contre leurs voisins, ils cultivèrent le commerce et la navigation; car, sachant que la force seulement pouvait leur garantir une souveraineté, ils exploitèrent cette partie de l'économie politique pour accumuler leurs richesses.

Mais pour en tirer tous les avantages, ils ont réglé leurs relations internationales par des traités qui, bien qu'on doive les considérer comme un résultat de leur expérience, n'étaient destinés qu'à une satisfaction momentanée, et n'avaient aucune base pour former des dogmes positifs sur la loi maritime internationale en général.

Il paraît que quelques-uns de ces traités que nous ne connaissons que par les citations des auteurs, avaient donné au trésor des États le droit de s'approprier les biens naufragés ; mais leur texte est trop vague et trop obscur sur ce point pour que l'on puisse en tirer cette conclusion d'une manière certaine.

Pardessus, tom. I, pag. 48-49, affirme que ces biens ne revenaient à l'État que dans le cas où le propriétaire était inconnu.

Nous avons peu de renseignements sur la loi grecque concernant la prise par les navires du gouvernement et les navires marchands, munis de ce que nous appelons des lettres de marque.

Pardessus, dans sa Collection, tom. I, pag. 49, constate qu'un tel droit avait existé, et que le commerce avec l'ennemi avait été défendu, que les biens et les navires de l'ennemi avaient été confisqués, et que bien souvent les personnes avaient été soumises à un traitement barbare.

Une citation de Démosthènes de Halones, tom. I, pag. 77 (édition Reiske), donne lieu de croire que les Grecs suivirent le principe que nous suivons aujourd'hui à l'égard des prises et reprises, et que dans les cas où une reprise était faite sur l'ennemi ou sur des pirates, la propriété était restituée à son propriétaire légal.

Pardessus, dans sa Collection, tom. I, pag. 52, Herodotus, liber II, § 178, nous disent que les Grecs jouissaient en Égypte du privilége (comme toute autre nation qui y était attirée par le commerce), d'y être jugés par leurs propres lois et par des juges appartenant à leur nation, qu'ils pouvaient choisir eux-mêmes.

Les lois rhodiennes, dont nous n'avons connaissance que par des jurisconsultes romains, ne contiennent aucune indication concernant la loi maritime internationale proprement dite.

CARTHAGINOIS.

La politique des habitants de Carthage était celle que l'Angleterre suit aujourd'hui aux Indes, et que le grand Colbert a voulu créer en France : c'était la politique coloniale.

Il était alors très-naturel que la ville de Carthage soutînt un commerce très-étendu avec les pays qui étaient sous sa domination ; mais il n'est pas probable qu'elle ait dominé l'est de la mer Méditerranée par son commerce et sa navigation ; car elle n'y pouvait pas rivaliser avec les Grecs, les Phéniciens et les Romains.

Pourtant Carthage était en relation très-active avec les États italiens ; nous le savons par le grand nombre de traités conclus entre ces États, et que l'on trouve dans le recueil historique des anciens traités par Barbeyrac, publié en 1739.

Dans les traités commerciaux, les Romains, d'une part, s'engagent : à ne pas permettre que les vaisseaux soient pillés à la côte d'Afrique, et les Carthaginois s'engagent, de l'autre part : à ne pas permettre le pillage des vaisseaux à la côte des États romains ;

mais il y était reconnu : que le pillage des vaisseaux devait être légal, si ces vaisseaux appartenaient à des États alliés avec eux, et qui n'étaient pas soumis à à la domination romaine.

De plus, il y est dit : que les contractants peuvent faire réduire en esclavage les habitants desdits États, pourvu que leur vente ne soit pas effectuée dans les ports romains.

S'il faut en croire un auteur romain : Strab : liber XVII, cap. 1, § 9 : « Carthage fit piller et détruire des vaisseaux appartenant à d'autres nations qui s'étaient dirigés par le détroit de Gibraltar vers la Sardaigne. » — Mais nous savons que la grande jalousie qui existait entre les Romains et les Carthaginois provoqua les guerres puniques, et peut-être que ce n'est là qu'une fausse accusation portée par un auteur romain, à laquelle on ne peut guère ajouter foi, puisque la jalousie d'un écrivain romain était bien capable de lui faire dire un mensonge. Car, pour parler comme Pardessus, Collection des lois maritimes, tom. I, pag. 19, 20, Carthage ne pouvait pas dans ce cas soutenir son grand commerce qui ne pouvait être fait que par des relations amicales avec ses voisins dans la Méditerranée.

Quant aux lois maritimes internationales obligatoires pour les Phéniciens et les Carthaginois, nous ne les connaissons point.

Ces stipulations démontrées ci-dessus forment le faible commencement du droit maritime international.

ROMAINS.

Nous savons que les Romains étaient très-ambitieux de leurs voisins politiques, et que pour pousser à la corruption dans l'intérieur du pays, l'autorité admettait le principe de la guerre civile : *« nullos habitura triumphos. »* — Cette politique empêcha aussi les Romains de respecter les droits d'autres nations, et à peine trouve-t-on dans le Code romain quelques indications concernant le droit maritime international. Ce que la loi romaine contient sur la cargaison et le vaisseau avarié dérive de la législation étrangère. — A l'égard du premier point, il fut ordinairement soutenu : que des choses abandonnées et sans propriétaire appartiennent au premier occupant; mais la loi étrangère introduite au Code romain n'admettait pas tout d'abord ce principe et c'est le *fiscus* qui en devient propriétaire. (Voir Juvénal.) A l'égard du second point, le *fiscus* n'était pas toujours considéré comme propriétaire des vaisseaux avariés. — Avant que ce principe fût reconnu par Plautus (Voir *Rudens*, Act. IV, scèn. 7) et d'après les digestes de Minucius sous Trajan, le propriétaire avait le droit de réclamer la propriété tombée dans la mer par un accident quelconque. —

Le *sénatus consultum*, sous le régime de Claudius, punit sévèrement tous ceux qui s'approprient des biens avariés. — Un autre *sénatus consultum* d'une date incertaine fait punir par la *lex Cornelia* tous ceux qui se rendent coupables envers les personnes qui ont subi des avaries. — Cette loi est commentée par un texte longuement articulé, que le propriétaire ne peut pas être privé de sa propriété; que la prescription n'est pas applicable aux choses avariées, et que celui qui les tient avec l'intention de les garder commet un vol. — Une loi d'*Adrien* prescrit aussi : — que tout propriétaire peut réclamer les biens avariés de ceux qui demeurent à la côte sur laquelle l'avarie a eu lieu et qui s'en seraient emparés. — Une ordonnance d'*Antonius* punit tous ceux qui empêchent les personnes (qui ont souffert de l'avarie) de faire recueillir leurs biens avariés. — *Constantin* déclare dans un décret : que le trésor d'État ne doit pas s'enrichir par la ruine des citoyens et repousse la maxime : que le trésor public doit s'approprier les biens avariés. — La même maxime a été soutenue dans la constitution d'Honorius et de

Théodosius. — Justinien enfin protège les avariés pour qu'ils puissent se mettre en possession de leurs biens avariés.

La loi romaine admet aussi une défense légitime du gouverneur ou propriétaire du vaisseau contre les pirates, pour ne pas leur délivrer les biens qui sont à bord du vaisseau, et dont ils sont responsables; mais elle admet d'autre côté, la légalité des rançons demandées par les pirates pour la délivrance des vaisseaux qu'ils ont capturés et tire ces rançons de sacrifices faits pour le bien général. (Voir Andronicus Comnène, Anal., liber II, pag. 209, édit. Fabrot.)

La loi considère les pirates plutôt comme brigands que comme ennemis, puisque Cicéron (liber III, cap. 29) dans son livre : « *De officiis* » adhère à ce principe en disant : la parole donnée à un ennemi doit être tenue même avec de grands sacrifices ; mais il y ajoute : que cette maxime ne peut trouver aucune application en ce qui concerne les pirates.

La côte de la mer, formant une partie de l'Empire, était la propriété commune de tous les Romains pour en tirer en communauté l'usufruit, par la pêche et la navigation. — Mais l'autorisation des préteurs était

nécessaire pour y bâtir des établissements ; elle n'é-
tait pas nécessaire pour la destruction desdits établissements devenue indispensable, soit pour cause
d'utilité maritime pour la navigation et la pêche, soit
pour cause de dommage fait aux autres.

Plusieurs écrivains ont attesté : que la loi romaine
comprenait l'institution du consulat telle qu'elle est
formée à l'époque où nous vivons. Mais il n'en était
pas ainsi ; car nous savons que les Romains ne per-
mettaient point que les étrangers chez eux pussent
être jugés par leurs nationaux, ou plutôt qu'ils pussent être renvoyés dans leur pays. C'était un préteur
peregrinus à Rome qui était chargé de la juridiction
des étrangers, et il était choisi et élu d'abord par le
peuple, et puis reconnu par l'Empereur.

La qualité de ce préteur avait donc peu de ressem-
blance avec l'institution du consulat d'aujourd'hui et
elle est plutôt comparable aux juges nommés par le
gouvernement pour juger les étrangers suivant leurs
propres lois. — (Voir Pardessus, Collect. des lois maritimes, tom. I, pag. 182.)

Cela concerne la loi maritime internationale de la
république et de l'empire romain jusqu'à l'époque

de l'invasion de ce grand État par les peuples étrangers. — Voyons maintenant quelle fut la loi de cet État après sa décadence et sous la domination étrangère depuis le vᵉ siècle.

CHAPITRE II.

(a) *La conquête de l'empire Romain.*

L'invasion des Lombards, des Goths, des Huns, des Vandales avait donné le premier signal de la décadence de l'empire romain de l'est et du sud, et l'indépendance de la Gaule fut le signal de la destruction de l'empire romain du nord et de l'ouest.

Mais bien que par cette destruction les Romains aient été soumis à la domination d'autres peuples, nous ne pouvons pas reconnaître que la civilisation romaine n'ait été inféodée aux usages desdites nations étrangères et adoptée par elles comme guide de la société;— au contraire, nous vivons *même aujourd'hui* dans la civilisation romaine.

Le règne de Charlemagne, qui ne fut qu'une suite du gouvernement de Constantin et de Justinien, —

les croisades, et même la décadence et la chute de l'empire byzantin dont la Russie rêve aujourd'hui le rétablissement, par la prise de Constantinople par les Turcs, tous ces faits historiques les plus remarquables dans la civilisation des peuples ne changèrent rien dans cette marche de la civilisation romaine.

Pourtant cette marche avait été interrompue par la lutte que les nations soutenaient en vain pour soumettre le peuple romain à leurs coutumes et usages.

Nous avons vu que les Romains n'avaient pas beaucoup de lois concernant le droit maritime international proprement dit, et que le Code romain contenait seulement quelques lois maritimes (privées) qui sous le tribunal d'un préteur étaient applicables à toutes les nations, soit pendant la paix, soit pendant la guerre.

Ces lois privées et non pas internationales du droit maritime ont été multipliées avec le temps par le *Consolato del mare* du Xe siècle et condensées par la coutume en un Code coutumier ou droit maritime international par les peuples qui avaient soumis les Romains. — De là elles ont été introduites dans les autres pays, de sorte qu'elles constituent plus ou moins le principe du droit maritime international pratiqué actuellement différemment en Europe.

Avant la chute de l'empire romain, les biens naufragés comme les personnes étaient protégés par la loi ; mais les nations barbares du Nord qui prenaient possession d'une partie de l'Empire n'étaient point satisfaites de cet usage, qui ne répondait pas à leurs ambitions.

Ce mécontentement faisait pour un moment changer le principe loyal que contiennent les décrets d'*Antonius* et de *Constantin*, etc. Le « *jus naufragii* » qui leur donne un droit de piller les biens naufragés a été de nouveau mis en application.

Mais on n'est pas certain du temps pendant lequel cette loi fut exécutée. — Ce que nous savons, c'est que plus tard et sous le règne d'Alaric II (Collection des lois faite par *Anianus*), les « *sententiæ Pauli* » punissent tous ceux qui se rendent coupables de pillage des biens avariés ; la même disposition se trouve au code des Visigoths.

En jugeant d'après cette indication nous pouvons dire : que le « *jus naufragii* » n'a pas été pratiqué pendant longtemps.

Cependant le « *jus feodale* » rendit les vassaux *maîtres* et *souverains juridiques* de leurs terres sous une certaine dépendance de leur souverain, et ceux d'entre eux qui habitaient les bords de la mer faisaient piller non-seulement les biens avariés, mais encore tous les vaisseaux qu'ils pouvaient saisir sur la mer.

Cet état de choses avait donné lieu à des réclamations de la part des petits vassaux contre les grands. Ils réclamèrent auprès de leurs souverains le droit de faire la guerre maritime sur la mer Méditerranée, la mer Atlantique, la mer du Nord et la Baltique, pour se venger l'un à l'autre à cause de ce pillage exercé sur la mer.

Depuis que cette guerre avait été reconnue de droit par le fait, il y avait constamment des guerres maritimes civiles et internationales entre les peuples pour se disputer comme pirates la proie : de sorte qu'un navire marchand n'était plus en sécurité sur la mer, bien qu'il fût fortement armé.

Des associations nommées « *de conserve* » se formèrent alors partout pour la protection des navires marchands. Les membres de l'association avaient un intérêt direct dans la navigation et naviguaient ensemble pour se protéger mutuellement contre les pirates et les ennemis. (Voir Sartorius : Geschichte des hanseatischen Bundes.) Ils élurent un chef qui reçut le titre d'*Amiral*, et stipulèrent entre eux de quelle manière on devait procéder dans le partage des biens capturés des pirates ou ennemis; leur but principal était de se rendre maîtres de ceux qui troublaient la liberté sur la mer.

Au commencement de l'existence de ces associations, les souverains exhortent leurs sujets à y prendre part; mais comme ces associations abusèrent plus tard du pouvoir qui leur avait été conféré par les souverains en agissant elles-mêmes de plus en plus comme pirates et contre la sécurité de la navigation, la formation de telles associations fut alors soumise à l'approbation et à l'autorisation du souverain.

C'était au XIVe siècle que leurs membres reçurent la permission d'en faire partie par la délivrance « *de lettres de marque.* » (Voir Martens : Versuch über Bewaffnung, und Caperey, chap. L, § 4.)

Dans cet état de barbarie et de brigandage sur la mer, le *Consolato del mare*, qui, comme nous l'avons déjà dit ci-dessus, régla plus tard les droits et les devoirs de chacun, qui utilisa la mer, était salué avec joie par toutes les nations.

(b) *Consolato del mare.*

De même que les collections des jugements des préteurs romains ont formé le « *jus Justiniani,* » de même aussi, la collection des jugements, des usages européens, etc., en ce qui concerne la loi maritime internationale, a formé le « *Consolato del mare* ou *Costumbres maritimas.* »

Pour parler avec Jenkins, Molloy et Pardessus, le *Consolato del mare* a paru au commencement du Xe et XIe siècle, et a été adopté par tous les États maritimes à cause de l'équité et de l'utilité qu'il représentait en son ensemble alors mieux que toute autre loi du droit maritime international.

Comme les Romains eux-mêmes, les habitants de Venise, de Pise, de Gênes, de Barcelone, et de Marseille, etc., n'avaient pas non plus de Code du droit maritime international, et les lois qui régissaient ces derniers ne concernaient que le droit maritime privé, de sorte que les droits des étrangers y étaient jugés

d'après leurs propres lois privées, qui d'ailleurs n'é-
taient pas nombreuses, et n'avaient pas pourvu à tous
les droits maritimes internationaux.

Cela était aussi cause que la plus grande partie
des États maritimes avaient adopté le *Consolato del
mare*, comme loi, puisqu'il renferme un détail du
droit maritime international fondé sur une base plus
équitable que ne contiennent les lois romaines, etc.,
etc. — Il peut être divisé en trois chapitres concernant : 1° le droit maritime international pendant la
paix, constituant les droits des marins et des propriétaires des navires, des affréteurs, des priviléges
des négociants et des consuls ; droits comme ils sont
exercés, même à notre époque, et dont nous avons
traité dans le second volume du présent ouvrage ;
2° le droit maritime international pendant la guerre,
applicable aux belligérants et aux neutres, et 3° le
droit maritime international pendant la guerre, applicable aux belligérants entre eux.

Les droits suivants y sont positivement reconnus
aux belligérants : de s'approprier les vaisseaux et les
cargaisons qui appartiennent à leurs adversaires ; —
d'après le chapitre 231 (de l'édition de Pardessus
publiée en 1831, qui est la meilleure de toutes les tra-

ductions, et selon le chapitre 273 de l'édition de Casaregis publiée en 1740), il est inutile que le croiseur prenne des mesures préliminaires pour se mettre en possession du navire et de la cargaison appartenant à l'ennemi ; *car tout le monde sait ce qui est à faire dans cette circonstance*, et il est superflu de *prescrire quelques règlements à ce sujet.*

Cela explique le principe que nous avons adopté et développé dans notre Code, ci-annexé : que les belligérants ont *brevi manu* un droit réciproque sur leurs biens.

D'après le chapitre 186 dudit *Consolato del mare*, les rançons à donner pour la délivrance des vaisseaux et des cargaisons capturés, doivent être supportées par parts égales par le maître du vaisseau et le propriétaire de la cargaison.

Au chapitre 283 il est dit : que dans le cas où un navire attend un navire marchand appartenant à l'ennemi, le premier est tenu d'examiner la qualité du propriétaire de la cargaison avant d'attaquer. Le chapitre 203 statue sur les dommages causés par un navire armé aux effets d'un autre navire, et veut qu'il doit en être responsable, dans le cas où il n'y avait

pas eu motif à attaquer et où l'attaque avait été illégale.

Le chapitre 231 constate la différence entre la cargaison et le navire : si la cargaison appartient à l'ennemi et si le navire appartient à un ami ou neutre.
Dans le cas où un navire neutre transporte des biens
appartenant à l'ennemi, le croiseur peut demander
au capitaine du navire la délivrance de ces biens, et
de plus il peut le condamner à lui payer une somme
égale à celle qu'il aurait reçue pour le transport desdits biens s'il avait réussi à les débarquer.

La charte-partie doit indiquer le montant de cette
somme, mais dans le cas où il n'existe pas de charte-
partie le capitaine doit être *cru* sur serment.

De plus, si le commandant du croiseur exige du
capitaine du navire neutre qui a transporté les biens
ennemis, qu'il transporte lesdits biens capturés à un
certain endroit, le capitaine n'a pas le droit de s'y
refuser, et tout ce qui est convenu entre eux sur ce
point doit être tenu.

Mais le commandant du croiseur doit payer au
capitaine du navire neutre les frais du transport
desdits biens capturés, et s'il n'y a pas de convention
faite, le capitaine du navire neutre doit recevoir le

montant d'une somme qui aurait été payée à un autre navire pour le transport desdits biens. Le lieu où les biens capturés peuvent être mis en sûreté, doit appartenir à une nation amie; et le payement de leur transport doit être effectué après qu'ils y sont arrivés.

Dans le cas où les marins qui sont sur un navire neutre qui transporte des biens ennemis affirment qu'ils ont aussi des marchandises neutres à bord du navire, le croiseur n'est pas tenu de les croire sur leur simple parole, et il peut les forcer de référer serment et ensuite leur restituer les marchandises neutres réclamées, en appréciant la qualité et l'honneur des individus qui ont prêté serment.

Si toute la cargaison ou la plus grande partie de la cargaison sur un navire neutre appartient à un ennemi, et si le capitaine se refuse à les transporter à l'endroit qui lui est indiqué par le croiseur, le croiseur a alors un droit parfait de détruire le vaisseau sans en tenir compte à personne; mais il peut sauver et épargner la vie des personnes à bord dudit navire neutre. En tant que ce qui concerne le navire ami ou neutre qui transporte des biens ennemis.

Quant aux navires ennemis qui transportent des biens amis, le propriétaire de la cargaison peut trouver un arrangement pour s'approprier le vaisseau en payant au croiseur la valeur dudit vaisseau, et il a à le rémunérer raisonnablement. Mais si le propriétaire de la cargaison repousse cet arrangement, le croiseur peut faire conduire ledit vaisseau à la place qu'il indique, et le propriétaire de la cargaison doit alors lui payer les frais de transport qu'il aurait payés dans le cas où un autre vaisseau aurait atteint la place destinée pour le débarquement desdits biens.

Si par la violence du croiseur il arrive que les biens amis sur le vaisseau ennemi sont endommagés, le propriétaire desdits biens n'a pas le droit d'en réclamer des dommages, vu qu'il n'a pas voulu payer le prix du vaisseau comme nous l'avons dit plus haut, et que le vaisseau doit être contraint de transporter la cargaison.

Mais si au contraire le croiseur n'a pas voulu accepter un arrangement pour le payement de la valeur du vaisseau, alors le propriétaire de la cargaison n'est pas tenu à payer des frais de transport;

au contraire le croiseur doit être tenu à lui payer des dommages qu'il réclame.

Il est tenu au même payement des dommages dans le cas : où il commet une violence sur des biens amis, si les négociants et propriétaires de la cargaison ne peuvent exécuter sur-le-champ l'arrangement conclu entre eux; mais si leur bonne réputation donne une garantie à l'exécution exacte dudit arrangement.

Si les marchands ou propriétaires de la cargaison ne donnent pas cette garantie, le croiseur peut procéder comme il a été dit plus haut.

D'après le chapitre 287 (Casaregis), et 245 (Pardessus), concernant la reprise, le vaisseau et les biens qui s'y trouvent doivent être restitués à leurs premiers propriétaires sur lesquels ils ont été capturés et s'ils vivent, et dans le cas où ils ont été repris sur l'ennemi. Mais le propriétaire doit être tenu à récompenser suffisamment ceux qui ont fait cette reprise, et pour les dédommager des troubles qu'elle leur avait causés. La reprise doit être valide dans ce certain sens : que l'ennemi a pu mettre en sûreté (sauvetage) le vaisseau et les biens, et que la capture a été faite dans les eaux appartenant à l'ennemi.

Car dans ce cas les amis n'ont pas pu en effectuer facilement la reprise, et pour cela la récompense doit leur être donnée et accordée. Mais il n'y a pas lieu à des récompenses, si les amis ont repris un vaisseau que l'ennemi n'avait pas mis en sûreté (sauvetage), et alors la récompense ne peut être faite que de bonne volonté, et le vaisseau appartient sans contestation à son propriétaire.

Dans le cas où l'ennemi a fait une prise et l'abandonne parce qu'il est persécuté par d'autres vaisseaux et si des amis saisissent cette prise, les biens dont cette capture est composée, doivent être restitués à leur propriétaire, pourvu que ceux qui ont effectué la reprise soient récompensés.

Si le montant de la valeur de la récompense ne peut pas être stipulé entre eux, ils doivent avoir recours au jugement des *probi homines* (jury ou plutôt arbitres).

Si quelqu'un avait abandonné son navire par crainte de son ennemi, et si un autre vaisseau le trouve et le met en sûreté (sauvetage), ce vaisseau, et les biens qui s'y trouvent, n'appartiennent pas à celui qui l'a trouvé; mais ce dernier peut réclamer, selon l'usage reconnu sur la mer, une récompense.

Si l'ennemi a capturé un vaisseau ou quelques biens seulement, et s'il les abandonne volontairement, pour poursuivre un autre vaisseau ennemi, alors celui qui trouve ces biens abandonnés n'en est pas entièrement propriétaire, si le véritable propriétaire a été reconnu; mais il y a une récompense à réclamer en sa faveur selon le jugement des *probi homines* de la place où le vaisseau et les biens ont été conduits.

Dans le cas où l'ennemi est obligé, soit par la tempête, soit par des vaisseaux ennemis, d'abandonner le vaisseau ou les biens qu'il a capturés, la condition y vient en application, qui est valable pour le cas : où l'ennemi est obligé de les rendre par force, comme il est dit plus haut.

Si l'ennemi entre dans une place pour y vendre le vaisseau ou les biens capturés, ceux qui les ont achetés sont obligés de les restituer au propriétaire pour le prix qu'ils ont été acquis, et avec un bénéfice si le vendeur le demande.

Si l'ennemi a fait don à quelqu'un de vaisseaux ou de biens capturés, ce don n'a aucune validité. Mais s'il les restitue au propriétaire duquel il les avait pris, alors la restitution est valable.

Dans le cas où l'ennemi restitue le vaisseau, mais demande une rançon pour la restitution des biens, la donation n'est pas valable pourvu que l'ennemi n'ait pas mis la prise en sûreté (sauvetage), et doive risquer de la perdre par une cause ou une autre.

Ce qui est dit concernant le vaisseau, s'applique aussi aux biens. Dans le cas où le propriétaire d'un vaisseau ou son associé, etc., dégage les biens capturés dudit navire, alors tous les propriétaires et les co-propriétaires (du navire et des biens) sont obligés de contribuer en partie égale à la rançon que le dégagement desdits biens a coûté.

Mais si l'ennemi a eu les vaisseaux ou le biens capturés en sûreté (sauvetage), c'est-à-dire, s'il les a transportés hors des eaux de la nation sur laquelle les vaisseaux ou biens ont été capturés, et les a mis en sûreté sur une place où les biens capturés peuvent être partagés, et si dans cette situation l'ennemi fait don ou vend à un de ces associés les vaisseaux ou les biens capturés, alors dans ce cas la vente ou la donation doit être valide, si la fraude ne peut être prouvée.

Si les ennemis ont fait une vente à quelqu'un

du vaisseau ou biens capturés, la vente est légale, pourvu que les acheteurs prouvent que la vente a été faite sur une place de sauvetage, c'est-à-dire dans le port des ennemis, où ils ont emmené la prise.

Ce sont les principaux chapitres du *Consolato del mare*, concernant la guerre et d'après les interprétations que nous avons faites, nous remarquons et reconnaissons qu'il était écrit pour les temps où la piraterie a été encore en plein exercice pendant la guerre, et surtout l'emploi de lettres de marque ou plutôt la résistance des navires neutres. Nous y trouvons l'absence complète des dispositions concernant l'autorité des gouvernements qui font la guerre maritime. Car la manière dont le *Consolato* comprend : le rachat des biens capturés par des rançons et leur restitution par des récompenses, selon l'usage pratiqué sur la mer; la protection des biens ennemis par des amis, selon le chap. 231 ; et que celui qui a fait la capture peut décider directement sur la délivrance, soit par don, soit par vente, des biens capturés ; la manière enfin dont le *Consolato* comprend et emploie toutes ces expressions citées dans son texte, justifie parfaitement nos vues. Les ordonnances espagnoles de 1330 et 1356 (voir Capmany), ne défendent d'ailleurs point la piraterie ou la résistance des navires neutres armés, etc.

Du reste, nous verrons que dans des temps plus modernes : la neutralité armée a été abandonnée partout, que le neutre n'avait non-seulement plus le droit de protéger les biens ennemis, mais que cela lui était défendu, et que les biens sont capturés par des navires du gouvernement, et placés sous la juridiction nationale, et enfin que c'est le trésor national, qui en soutenant la guerre contre son ennemi, doit profiter de la prise faite sur l'ennemi. — Le *Consolato* ne s'explique pas non plus sur le blocus et la contrebande, qui forment des dispositions importantes pour la législation de notre époque.

Mais en ce qui concerne le droit maritime international dans le temps de paix, le *Consolato del mare* ne soutient plus le principe de l'ancien temps concernant la légalité de la piraterie privée ou internationale.

Ce qu'il contient à l'égard du consulat des nations, de l'avarie, etc., a été observé jusqu'ici par les nations et adopté comme une partie de leur droit public international.

Quant au texte du *Consolato del mare*, il est

obscur en plusieurs endroits, et fait souvent diffi-
cilement comprendre le vrai sens qu'il contient.

(c) *Autres collections et jurisconsultes.*

Après le *Consolato del mare*, le plus important
document concernant la loi maritime internationale
est celui que nous connaissons sous le titre : *Rôles
d'Oléron*, qui contient les usages que les habitants
du nord de l'Espagne, du sud et de l'ouest de la
France, et du sud de l'Angleterre ont observés sur
la mer (1).

Mais le temps où ils furent mis en application
n'était pas assez avancé dans la civilisation pour donner aux nations l'idée d'un droit positif international sur la mer, et, bien que les *Rôles* abolissent
l'abus du *jus naufragii* et protégeassent les biens
étrangers avariés, ils ne parlent pas davantage de
ce qui concerne le droit maritime international.
Nous observerons la même chose à l'égard de la col-

(1) Voir Pardessus : *Coutumes maritimes des peuples du moyen-âge*,
Paris, 1847.

lection des jugements de *Dane*, des coutumes d'*Amsterdam*, des lois de *Wisby*, et du *Jus maritimum hanseaticum* (édition Nuricke, Hambourg, 1657).

Tous ces derniers écrits ci-mentionnés, ne traitent que de la loi maritime privée dans le temps de paix, qui a été appliquée aussi bien aux habitants du pays qu'aux étrangers.

Cela a donné à un auteur célèbre l'occasion de de faire publier son ouvrage : *De jure maritimo et navali* (par Loccenius, Stockholm, 1652), pour régler les droits internationaux sur la mer dans le temps de guerre, d'après les coutumes et usages antérieurs des habitants de la côte de la mer Baltique et de la mer du Nord.

Comme les peuples du sud de l'Europe avaient leurs coutumes maritimes, aussi ce furent les peuples du Nord qui appliquèrent les principes de Loccenius.

Nous le savons par la réclamation des députés de la ligue hanséatique assemblée en 1434 à Lubeck dans le but de délibérer sur des mesures restrictives à prendre contre la violation de leurs priviléges maritimes obtenus dans les pays étrangers.

D'après « Werdenhagen » dans son ouvrage « De rebus publicis hanseaticis, page 446, publié en 1657 » et d'après *Holst* dans son ouvrage Versuch, etc., c. 20-21, les confédérés hanséatiques se plaignaient ardemment en 1492, des dommages faits au commerce et à la navigation qui leur ont été causés par la guerre alors survenue entre le roi de Danemark et son allié le roi d'Écosse contre le roi de Suède. Ils protestèrent contre l'interdiction du commerce extérieur avec les belligérants. Le but de la ligue hanséatique était l'exploitation du commerce et de la navigation, et comme elle soutenait un grand commerce à l'étranger où elle avait ses établissements commerciaux, il nous paraît très-naturel qu'elle eût un motif pour se plaindre de l'interruption du commerce par la guerre.

Sartorius dans son histoire de la ligue hanséatique (Geschichte des hanseatischen Bundes, 1803), — dit, page 661, tom II : que le premier principe de la ligue hanséatique était en matière internationale de rester neutre, s'il était possible, pour en profiter pour la liberté du commerce et d'assurer son indépendance par des traités avec les souverains étrangers. — Elle soutenait avec énergie le principe peu justifié d'ailleurs : « *que le navire neutre couvre même les biens ennemis ; »* — en allemand Schiff frei, Waare frei. (Voir Sartorius.)

Mais la confédération hanséatique n'était point disposée à accorder aux autres nations la même faculté qu'elle réclamait, quand elle était elle-même en guerre avec d'autres nations.

C'est ce refus de la part de la ligue hanséatique qui fit : *que les nations commencèrent à discuter vers la fin du* xv* siècle la question : s'il est permis aux neutres de transporter de la contrebande ;* mais comme ce droit leur fut disputé :

1° La visite des navires neutres ;

2° La délivrance des passeports, et des certificats concernant la neutralité des biens et des navires par des envoyés diplomatiques,

étaient devenues par nécessité, des principes du droit maritime international.

Ces principes furent plus tard plus ou moins incorporés au Code maritime international des nations modernes.

Depuis la fin du xv° siècle jusqu'au xvii° siècle (1668), tous ces principes furent pourtant discutés de côté et d'autre ; mais comme la confédération hanséatique était alors au XVIIe siècle en décadence, elle ne pouvait plus soutenir ses réclamations avec la même énergie qu'autrefois.

Sartorius, dans son histoire de la confédération hanséatique, tom. III, page 507, dit : « *que les États hanséatiques* comme États neutres demandèrent : 1° *la liberté de leurs marchandises, qu'elles se trouvent ou non à bord d'un vaisseau ennemi ; 2° la liberté de leur drapeau neutre ; 3° de pouvoir faire le commerce avec les belligérants et 4° d'importer dans leurs États tous les biens hanséatiques ou étrangers ; 5° comme d'en faire exporter à toute autre place toute sorte de biens et de marchandises.* — Peut-être, dit ensuite l'auteur : « que les confédérés hanséatiques avaient promis de s'abstenir de tout commerce de contrebande ou du moins que ce commerce ne serait pas fait en leur nom : car les autorités de toutes les villes hanséatiques interdisaient un tel commerce. »

Mais comme la confédération hanséatique n'a pas d'abord voulu reconnaître ces mêmes droits envers les neutres quand elle était en guerre, et comme d'un autre côté, comme nous l'avons dit tout à l'heure, elle n'avait plus la force et le pouvoir de faire valoir ses réclamations, ces principes ne furent point re-

connus en faveur des neutres et restèrent sans solution jusqu'à nos jours.

(d) Décrets, traités, etc., rendus pendant le moyen-
âge par les puissances maritimes.

Pendant le cours de cette époque, la France,
l'Angleterre, la Hollande, le Danemark, la Suède,
l'Espagne et le Portugal réglèrent par des ordonnances, etc., les coutumes à observer à l'égard : —
1° Des avaries; 2° des taxes d'importation; 3° des
priviléges accordés aux négociants étrangers, et 4°
aux négociants indigènes résidant à l'étranger et
enfin 5° à l'égard des juges pour procéder dans les
différends survenus entre eux. — (Voir Martens,
Guide diplomatique, tom. I et II.)
D'après Leibnitz : « *Codex juris gentium diplo-*
matic., » traités 1230, 1303, 1422, et d'après Man-
tissa : « *Codex juris gentium diplomatic.,* page 163,
— les traités des XIII°, XIV° et XV° siècles contiennent
les principes du droit maritime international. Les
nations entre elles se garantissaient par ces traités :

1° *Admission pour faire du commerce à l'étranger; 2° mesures pour la sûreté dudit commerce; 3° défense de pillage en temps de paix; 4° défense d'admettre dans leurs ports les pirates pour ne pas faire vendre les biens pillés sur les nations contractantes; 5° de se protéger les uns les autres contre les pirates et de délivrer aux propriétaires les biens pillés sur eux et repris par des contractants.*

Dans les anciens traités il n'y a aucune description de la contrebande ; mais il n'y a aucun doute sur la validité de la prise des biens ennemis capturés, soit sur sa propre domination, soit à la haute mer, qui appartient à toutes les nations ; — le *Consolato del mare* a été toujours observé sur ce point. — Quelques-uns desdits traités ont pourtant généralement favorisé la force des belligérants contre les neutres.

L'ordonnance concernant les armements en course adjoignant un *Consolato del mare*, mais qui était émanée d'*Aragon* comme les lois de 1252 et 1266 concernant le commerce entre les ports de Castille et de Léon, et l'ordonnance de Maximilien établissant une cour d'amirauté en Hollande, règlent les droits de ceux qui sont armés en course et les droits sur les prises.

Dans un traité de 1294 conclu entre l'Angleterre
et le Portugal, le roi Édouard Ier se faisait promettre :
que les Portugais n'affréteront aucun vaisseau appartenant à l'Espagne qui alors en guerre avec l'Angleterre pourrait (*sub aliquo colore*), — sous le pavillon d'un autre (neutre) faire expédier ses biens. — Il
paraît donc que déjà dans ce temps on faisait une
différence entre le pavillon neutre et les biens ennemis, et que les derniers étaient couverts sous le pavillon neutre. — Mais on n'avait pas encore l'idée que
le domicile du vaisseau doit être la condition pour
la qualité du pavillon seulement, et non pour la cargaison.

C'est sans doute de cela que résulte le principe erroné de la confédération hanséatique, comme Sartorius dit, en ce qui concerne la cargaison : « *Vaisseau
libre, cargaison libre.* »

Si ce sens à l'égard du pavillon portugais sur un
navire espagnol n'est pas donné audit traité, le roi
d'Angleterre n'aurait eu aucun intérêt à se faire
promettre des Portugais neutres, qu'ils ne loueront
aucun vaisseau des Espagnols sur lesquels les Portugais (comme il paraît) pouvaient hisser leur pavillon neutre. De plus il est presque certain : qu'à cette

époque le neutre pouvait protéger le navire ennemi sous le pavillon neutre; et pour que cela n'ait pas lieu, ledit traité fut justement conclu entre le Portugal et l'Angleterre. (Voir Rym., tome II, page 632.)

Pendant la guerre entre l'Angleterre et l'Écosse et sous le règne d'Édouard III, un navire hollandais a été pris et amené en Angleterrre (Yarmouth), mais un mandat du roi fit rendre le vaisseau à son propriétaire qui l'avait réclamé comme bien neutre. (Rym., tome IV, page 328.)

Les statuts anglais d'Édouard III, en 1333, firent fixer le temps pendant lequel les personnes de la nation belligérante devaient partir avec leurs biens, après que la guerre serait proclamée, et la manière à suivre pour la délivrance des lettres de marque.

D'après une lettre du roi Édouard III d'Angleterre en 1343 à Pierre d'Aragon, il est dit qu'il faut condamner un navire neutre s'il oppose de la résistance. (Voir Collect. marit., pages 43-45.)

Dans un traité de 1351, entre l'Angleterre et l'Espagne, il est dit : que les biens espagnols amis sur un navire ennemi ne sont pas soumis à la prise; ce principe fut plus tard en 1357 étendu aux biens ennemis sur un vaisseau espagnol ami. — Pourtant cette dernière stipulation n'était qu'une concession temporaire qui répondait plutôt à la faveur que la France avait accordée aux négociants anglais ; car étant ainsi contraire aux lois espagnoles sur la prise, elle n'était pas admise dans les traités conclus entre l'Espagne et l'Angleterre en 1414, 1430 et 1467. (Voir Collect. marit., pages 36 et 37.)

Mais dans le traité de 1370 conclu entre l'Angleterre et la Hollande, il est expressément défendu aux Hollandais de transporter des biens ennemis d'Angleterre et il y est dit : que le gouvernement hollandais doit prendre pour cela des mesures nécessaires et délivrer des passeports ; alors les vaisseaux hollandais munis desdits passeports auront le passage libre.

En 1373, quand Édouard III était en guerre avec l'Espagne, un vaisseau portugais fut restitué à son propriétaire parce qu'il n'était pas « inimicorum nostrorum » dit l'édit. (Voir Rym., tome VII, page 3.)

L'ordonnance française de 1400, en instituant une cour d'Amirauté fait appeler devant elle toute affaire résultant de l'action sur mer; elle a la faculté d'examiner : si les biens appartiennent réellement aux ennemis ou aux neutres ; de punir les croiseurs à cause d'une mauvaise conduite, — d'accorder une indemnité pour des dommages causés aux neutres.

Cette ordonnance française déclare entre autres : que les coutumes et usages observés sur la mer, doivent être maintenus ; que les croiseurs doivent prêter serment avant de quitter le port pour avoir une garantie de leur bonne conduite et que la cour d'Amirauté doit faire vendre et répartir les biens capturés. (Voir le Code des prises publié en 1784.)

Tous les derniers traités reconnurent l'illégalité de la vente à l'ennemi des marchandises appelées contrebande, et jusqu'au xvᵉ siècle ils soutinrent plus ou moins le principe que la confédération hanséatique avait propagé dans son propre intérêt : c'est-à-dire vaisseau libre, cargaison libre, et de plus ils constatèrent la validité de la maxime : « cargaison libre (neutre), vaisseau libre. »

Mais cette maxime fut rejetée au commencement du xvᵉ siècle.

Dans le traité entre Henri IV, roi d'Angleterre et Jean, duc de Bourgogne (1406), le principe fut admis :

« Que le drapeau neutre ne couvre point les biens « ennemis. »

La même maxime est indiquée dans le traité de 1446, entre l'Angleterre et la Bourgogne. (Voir Dumont, Corps diplomatique, tome II, page 302.)

D'après Rym., vol. IX, page 484, il était convenu en 1417, entre la Hollande et l'Angleterre :

« Que les marchands de notre dit pays de Flandres
« en demeurant en Flandres n'amèneront pas fraude
« sous couleurs quelconques, aucuns biens ou mar-
« chandises des ennemis, des Englois, par mer, et
« en cas qu'ils en soient demandez, par aucun escu-
« mers ou autres gens de la partie d'Engleterre ;
« — eux en feront juste et pleine confession. »

Un autre principe dans le traité de 1426, fait sous Henri VI, défend la restitution des biens amis, pris sur le vaisseau ennemi.

Henri VI donna en 1426, pouvoir à l'amiral d'examiner la prise des vaisseaux et des biens. — Le Portugal et l'Angleterre se reconnaissaient en 1436 et 1437 les droits de délivrer des letttres de marque. (Voir Rym., tome X, page 675.)

La république de Gênes conclut en 1460, un traité avec l'Angleterre, dans lequel les contractants s'engagent à ne pas transporter ou expédier les biens ennemis : (« nec carribant, nec portant in navigiis

« corum supradictis bona aut mercimonia alicujus
« inimici nostri aut inimicorum nostrorum. ») (Voir
Dumont, tome III, page 583.)

Le Danemark et l'Angleterre signèrent en 1490
un traité dans lequel le Danemark promettait de ne
pas inquiéter les vaisseaux anglais, mais pas les biens
ennemis, — en temps de guerre avec les autres nations) : (Voir Rym., vol. XII, page 383) : « quod sic
« navigantes bona inimicorum nostrorum regum Da-
« niæ, navibus suis nullo modo deferant. »

La France et l'Angleterre stipulèrent en 1497 la
manière dont il faut procéder en cas de prise des
biens ennemis. (Visite.)

Il n'est pas seulement dit dans les traités du
moyen-âge que les biens ennemis ne doivent pas être
transportés ; mais aussi que les biens amis deviennent une prise légale, s'ils sont trouvés à bord d'un
vaisseau ennemi.

Les traités signés entre l'Angleterre et la Breta-
gne en 1468 et 1486 attestent positivement cette
maxime.

« De plus, la France demandait en 1543 et 1584,
« que non-seulement des biens ennemis trouvés à
« bord d'un vaisseau ami fussent confisqués, mais

« aussi que le vaisseau ami fût confisqué en même
« temps. »

Toutes ces dispositions concernant les biens amis
sur un vaisseau ennemi, et les biens ennemis sur
un vaisseau ami, — nous font voir dans leur différence d'opinions, les intérêts particuliers des États,
et que plus une nation était forte sur la mer, plus
elle avait droit à une faveur comme belligérant. —
C'est ainsi que la France, alors une des premières nations maritimes et commerciales, voulut affaiblir les
droits des neutres ; tandis que l'Angleterre était tou-
ours disposée à les soutenir ; mais aujourd'hui c'est
justement le contraire qui arrive.

Jusqu'au XV° siècle, les prises ont été faites par
tous ceux qui voulurent s'armer en course. Mais en
1400, Charles VI, roi de France déclara : « que la
« permission de l'amiral en est nécessaire. — L'édit
« anglais de 1414 oblige ceux qui sont entrés dans
« le port anglais avec une prise, — de la déposer
« entre les mains de la justice sous peine de la voir
« confisquée. — Une ordonnance de Maximilien et
« de Philippe I° d'Espagne, oblige ceux qui veulent
« s'armer en course d'en demander la permission à

« l'amiral, et de jurer qu'ils ne pilleront pas les sujets
« d'une nation amie. »

Ce ne fut donc qu'après le *Consolato del mare*, et plutôt depuis le commencement du XVe siècle, que les États entre eux commencèrent à débattre et à résoudre les questions du droit maritime international selon les nouvelles maximes indiquées dans ce chapitre.

CHAPITRE III.

DE LA LOI MARITIME INTERNATIONALE AU XVI° SIÈCLE.

***

(a) *Obligations des États entre eux.*

L'Espagne nous paraît dans l'histoire le pays le plus civilisé au XVI° siècle; c'est pour cela que le *Consolato del mare* y avait trouvé sa pleine application à cause des principes loyaux qu'il représentait. — La liberté de séjour, de domicile et de commerce était garantie aux étrangers à l'époque la plus reculée, surtout dans les provinces de Catalogne et de Biscaye. — Déjà en 1266 les étrangers en Espagne étaient d'après la loi : libres de faire leur testament et de transmettre leur héritage aux étrangers. (Voir Las Siete Partidas.)

Le droit d'aubaine ne fut jamais exercé en Espagne, si ce n'est par rétorsion. L'inquisition du XV° et du XVI° siècle en Espagne avait tout d'abord un peu altéré les libertés des étrangers qui n'étaient pas de la religion catholique; mais cette altération fut réglée par la loi et les traités. — La loi de 1549 prescrit la manière dont les négociants doivent tenir leurs livres. — Les lois de 1593 et 1599 garantisssent aux négociants étrangers et à leurs biens pleine et entière sécurité et protection en Espagne.

Mais lorsque les Jésuites et les inquisitions furent au-dessus de toute autorité, de toute liberté personnelle, et eurent le pouvoir de rompre la paix de la société pour satisfaire leurs intérêts personnels, — l'Espagne tomba en décadence et s'absorba par des partis politiques, des guerres civiles et religieuses.

Son grand commerce avec les peuples de la mer Méditerranée et de l'Orient, sa possession des Pays-Bas qui l'a rendue maîtresse sur l'Océan et des îles Canariennes, par lesquelles elle gouvernait la côte ouest de l'Afrique et la grande découverte de Colomb en Amérique ne servirent de rien, et ne les préservèrent point de cette chute. Sous un régime où la liberté personnelle n'est plus respectée, les lois ne peuvent pas être équitables, il en était ainsi en Espagne sous la maison d'Autriche bourbonnienne.

L'édit espagnol de 1533, qui fit exclure les étran-

gers du commerce avec ses colonies en Asie et en
Amérique, — ne pouvait donc étonner personne.
(Voir Martens, Cours diplomatique, tome III, livre
II, chap. 1.)

Pourtant sous Philippe II et en 1593, une loi fut
rendue pour adoucir la situation des négociants
étrangers en Espagne en temps de guerre : en leur
permettant de résider dans le pays trois mois après
que la guerre avait éclaté.

A l'égard de la prise, nous trouvons déjà au
XIIIᵉ siècle des lois qui régissent les ports d'Aragon
et de Castille et déclarent valable la prise des biens
ennemis sur un vaisseau neutre; doctrine soutenue
dans le *El Cabellero* d'Abreu.

Quant à la France, le *Jus naufragii* fut déjà par-
tiellement aboli en 1226 par les Rôles d'Oléron, mais
il le fut positivement par l'édit de 1543 et de 1568.
Le *droit d'aubaine*, si détesté même par les Français,
fut pourtant maintenu, et les personnes n'en furent
exemptées que par un privilége.

Le commerce, depuis 1352 jusqu'à 1563, était soumis à une multitude d'usages et coutumes et ce ne fut,
qu'en 1563 qu'une juridiction consulaire y fut positivement établie, — qui était en vigueur jusqu'à la

publication du Code de commerce et jusqu'aux règlements de 1806 et de 1832 et 1833.

Le peuple français devint la première nation commerçante et maritime au commencement de la chute d'Espagne, parce que déjà au XIIe siècle il soutenait et respectait la liberté personnelle des étrangers. — La nation française accorda protection aux émigrés espagnols chassés de leur patrie par les Maures; elle garantit au XIIIe siècle des priviléges commerciaux aux Lombards et facilita aux étrangers le séjour et la résidence dans le royaume. — L'édit de Nantes rétablit enfin la liberté religieuse et protégea les protestants.

Par là, la France domina moyennant les relations internationales, parce qu'elle attira chez elle toutes les nations.

Malheureusement la France aussi tomba en décadence plus tard quand la révocation de l'édit de Nantes et les lettres de cachet, le despotisme, et les crimes des Jésuites et l'ambition des prêtres y dominèrent par *l'autorité* du gouvernement, — après tant d'expérience gagnée par la misère de la guerre religieuse qui déchira l'intérieur de la France. Mais l'Angleterre où la liberté personnelle et politique garanties par la *magna carta* avec ses annexes étaient soutenues par les efforts du parlement, gagna à son tour de ce que la France perdit sur l'Espagne par les désordres de son gouvernement, sous Louis XIV et Louis XV, qui entraînaient la banqueroute sous le régime de « Law » et l'établissement de la République sous le régime de l'injustice.

C'est dans ce sens de la civilisation française qu'il faut aussi comprendre la sévérité des lois françaises maritimes internationales rendues pendant les XVIᵉ et XVIIᵉ siècle et dans le temps de la grandeur de la France.

Les lois françaises les plus importantes concernant le droit maritime international sont celles qui ont été rendues en 1517, 1543 et 1584.

Depuis des siècles, la prise des cargaisons et vaisseaux des ennemis était déclarée légale en France, pourvu qu'elle eût été faite par des vaisseaux du gouvernement ou par des navires marchands munis de lettres de marque. Les armements en course furent encouragés, et tout vaisseau déclaré suspect en temps de guerre. (Voir Valin, Traité de prises.)

L'ordonnance de 1584 soumet à la visite tout vaisseau français, allié ou neutre.

Les ordonnances de 1543 et de 1584 déclarent de bonne prise : *les cargaisons et les vaisseaux*, si le propriétaire du vaisseau détruit la charte-partie ou autres papiers utiles concernant le vaisseau et la cargaison, soit en les jetant à la mer, soit que ces papiers ne se trouvent point à bord du navire. Elles déclarent aussi de bonne prise la contrebande, la cargaison et le vaisseau, si la cargaison ennemie se trouve sur un navire neutre, et si la cargaison neutre se trouve sur un navire ennemi, ce qui du reste était contraire au principe du *Consolato del mare.*

A l'égard de la capture et recapture, l'ordonnance de 1584 déclare la reprise légale de l'ennemi, si elle est faite par un vaisseau du gouvernement ou par un vaisseau marchand muni de lettres de marque, et si le vaisseau a été au pouvoir de l'ennemi plus de vingt-quatre heures; la reprise appartient alors à ceux qui l'ont faite. — Mais si la reprise a été faite avant les vingt-quatre heures expirées, alors il n'en revient à celui qui l'a exécutée que le tiers de sa valeur; les deux autres tiers reviennent de droit au premier propriétaire.

Pour encourager les armements en course et l'activité générale contre l'ennemi, le gouvernement français renonça à la valeur de la reprise et l'accorda à ceux qui l'avaient faite ; nous verrons plus tard que cette maxime a été suivie au XVIIe et même au XVIIIe siècle, sous le règne de Louis XIV, etc.

La reprise des vaisseaux des pirates ne pouvait plus être réclamée du premier propriétaire, c'était l'usage jusqu'au XVIIe siècle ; sans doute parce que le vaisseau était confisqué comme bien perdu, comme c'était aussi chez les Romains.

Les ordonnances de 1543 et de 1584 prescrivent la conservation de tous les papiers qui se trouvent à bord d'un navire capturé, et c'était une mesure très-nécessaire et utile pour statuer sur la qualité des biens qui sont sur le navire, comme sur le navire lui-même et sur les personnes. — Elles obligent ceux qui ont fait la prise en qualité d'armateurs, d'envoyer leur prise ou d'entrer avec leur prise au port d'où ils sont sortis, si la poursuite de l'ennemi ou la tempête ne les empêche pas de le faire, et dans ce cas ils sont tenus d'en donner avis immédiatement après aux parties y intéressées, sous peine de perdre leurs droits. — Elles interdisent aussi sous peine de mort ou autres punitions toute falsification, détournement ou destruction de la prise.

Les lois de 1517, 1543 et 1584 interdisent toute disposition sur la prise avant qu'elle ait été examinée. — Elles n'admettent plus les rançons et les dispositions libres sur les prises comme l'entend le *Consolato del mare*.

Quant à la juridiction, la loi de 1400, comme les lois de 1527 et 1584, donne plein pouvoir aux officiers de l'Amirauté, non-seulement de préparer les affaires concernant la prise, mais aussi de les juger en premier ressort avec faculté de faire appel au conseil d'État. — Les armateurs ont le droit de demander la délivrance de leurs prises s'ils ne consentent pas à leur vente publique.

. D'après Valin (Traité des prises), la vente publique de la prise fut depuis cette époque considérée comme une loi commune.

La reprise des navires et cargaisons était aussi légale en France depuis les temps les plus reculés, car il est bien naturel qu'on saisisse les biens nationaux qui n'ont été enlevés à leurs propriétaires que par les armes.

En considérant les lois françaises du XVIᵉ siècle, nous pouvons dire avec le jurisconsulte anglais M. Robinson, qu'elles refondent le droit maritime

international sur une nouvelle base. Elles ont non-
seulement corrigé les fautes que contient le *Consolato
del mare*, mais elles l'ont aussi complété en y ajou-
tant des parties importantes, comme celles sur la juridiction, la visite, etc., et ont ôté aux armateurs le
caractère de pirates.

———

La loi hollandaise en matière maritime internationale fut celle qui a été observée au XVI° siècle dans
les États bordés par la mer Méditerranée et par les
habitants de la côte du nord de l'Europe.

Peut-être que le rôle de la Hollande, comme mé-
diatrice du commerce entre les peuples du nord et du
sud de l'Europe, leur a imposé une *neutralité juridique* à l'égard des coutumes maritimes pour conten-
ter les uns et les autres. D'ailleurs, Hugo Grotius
avait enlevé la force au *Consolato del mare* et rivali-
sait avec les ordonnances françaises, de sorte qu'il
dictait des lois à la Hollande et à ses alliés.

En effet, nous ne trouverons pas de différence entre
les lois maritimes observées au XVI° siècle par ces différents peuples.

Les Hollandais n'ont pas confisqué les biens neutres comme l'ordonne la loi française du XVIe siècle.

Hugo Grotius nous informe que le sénat de Hollande avait rendu en 1438 un jugement en ce sens à l'égard des biens neutres, jugement qui depuis fut applicable aux prises. — Les Hollandais n'avaient pas non plus pratiqué la maxime de la ligne hanséatique : — « vaisseau ennemi libre, à cause de la cargaison (neutre) libre. »

L'Angleterre suivit au XVIe siècle la maxime des *Rôles d'Oléron* et du *Blak book of the admiralty.* — Déjà au XIIIe siècle le domicile des étrangers au royaume comme le départ des étrangers dudit pays fut garanti par la *magna carta* de 1225. (Voir mon ouvrage : Juridisch-politische Staatsgrundsaetze, Wien (Vienne, 1850).

La *carta mercatoria* de 1328 leur accorda d'autres droits encore : — le « JUS NAUFRAGII » fut aboli en 1333 ; le DROIT D'AUBAINE n'y fut appliqué que par la rétorsion.

D'après Martens, Cours diplomatique, tome III,

livre IV, chap. I, l'Angleterre ne permettait pas aux étrangers le commerce entre les colonies et la mère-patrie ; mais bien celui entre les colonies et les autres nations.

En 1512, quand l'Angleterre faisait une expédition maritime contre la France, il paraît que d'après la *Collectanea maritima* (Robinson, 1801, pag. 1-20), l'Angleterre avait usé du droit de visite et fait des prises selon les coutumes en vigueur sur la mer (*secundum jus maritimum*).

Quand la France était en guerre avec l'empereur d'Allemagne, elle confisquait des biens et des vaisseaux anglais, bien que l'Angleterre fût neutre (voir le journal d'Édouard VI par Burnet) ; mais l'Angleterre protesta parce que l'action, dit le journal, était contraire aux anciennes lois maritimes anglaises et françaises.

Quand les Espagnols et les Hollandais étaient en guerre et qu'un vaisseau anglais (neutre) transportait des biens ennemis, tout fut confisqué. — La reine Élisabeth, en 1575, réclama le vaisseau neutre, et il fut résolu que le bien ennemi devait être confisqué tandis que le navire neutre devait être restitué.

D'après Pardessus (Collection marit., pag. 141),

Élisabeth fit confisquer la contrebande, y compris les grains que les confédérés hanséatiques expédièrent en Espagne pour la soutenir contre l'Angleterre.

(b) Jurisconsultes.

« Vasquez, » « Suarez » et spécialement « Albericus Gentilis » méritent d'être cités comme écrivains sur le droit maritime international du xvıᵉ siècle.

Il suffit d'exposer les vues du dernier pour donner une idée de la loi du xvıᵉ siècle. — On peut citer deux ouvrages remarquables dudit auteur, l'un : « *De jure belli* » (Oxford, 1588), et l'autre : « *Hispanicæ advocationis* » (1613).

Tous deux concernent la guerre qui donne lieu aux questions les plus délicates du droit maritime international.

Dans son premier ouvrage : De jure belli, cap. 24, de *Malefactis privatorum*, il considère les actions des neutres envers les belligérants comme étant hostiles si elles protégent les belligérants les uns contre les autres.

Ensuite il traite du commerce maritime des neutres pendant la guerre et résoud les questions : sur la prise de la propriété ennemie ; la contrebande ; les ports bloqués ; — le droit de visite ; et enfin s'occupe de savoir si la cargaison hostile est couverte par le pavillon et vaisseau neutre.

Dans son second ouvrage, ces questions sont plus strictement résolues, et l'on ne comprend « Gentilis » qu'à l'aide de ces deux ouvrages. — Cet auteur n'est pas favorable aux neutres, et Lamprendi a raison en disant de lui : « qu'il trouverait aujourd'hui ces questions un peu plus délicates ; mais Gentilis plaide logiquement en faveur des belligérants comme un avocat qui aurait été payé pour plaider pour son client.

Il dit : « Biens et vaisseaux qui ont la qualité ennemie sont soumis à la confiscation ; mais ils doivent être mis en sauvetage, et au moins vingt-quatre heures entre les mains de l'ennemi avant de pouvoir en disposer légalement, et de plus la transaction de la propriété ne peut pas se faire sur la mer, et doit être effectuée dans un port du pays du croiseur. »

Gentilis traite différemment les questions sur la visite et la recapture (reprise).

Il dit : « Tout commerce avec l'ennemi est interdit ;

cum hostibus jure etiam communi vetitum commercium est. » (Liber I, cap. 13.)

« Le droit de visite est un usage, non pas pour savoir s'il y a sur le vaisseau des objets formant de la contrebande, mais pour savoir quels biens appartiennent à l'ennemi. » (Liber I, cap. 27.)

« Les croiseurs sont obligés à payer au capitaine du vaisseau neutre les frais du transport des biens capturés, et cela d'après le tarif que le capitaine lui-même aurait à payer pour un tel transport. » (Liber I, cap. 28.)

« Un croiseur privé appartenant à la nation belligérante et portant le pavillon neutre ne peut pas faire des prises des biens ennemis. » (Lib. I, cap. 10.)

« Les sujets ennemis, lesquels se sont réfugiés dans un port neutre, peuvent voyager sur la mer pour se rendre au port neutre le plus près. » (Lib. I, cap. 14.)

« Une personne née dans un pays des belligérants, mais dont le père a été naturalisé dans un pays neutre, ne peut pas faire des prises sur l'ennemi en qualité de croiseur. » (Liber I, cap. 17.)

« Le transport de la contrebande est sans doute partout défendu et illégal; mais s'il n'y a pas une intention hostile, il faut qu'il soit permis. » (Liber I, cap. 20.)

Ce sont les maximes de *Gentilis*, après le *Consolato del mare*, et les ordonnances françaises de 1543 et 1584.

CHAPITRE IV.

LA LOI MARITIME INTERNATIONALE PENDANT LES GUERRES DU XVIIe SIÈCLE.

—

La domination sur la mer, commerce, navigation internationale, etc., Grotius, Shelden, etc.

Nous avons eu l'occasion de remarquer par les précédents chapitres, que le droit maritime international avait étendu ses maximes selon le degré de la nécessité éprouvée par l'expérience des navigateurs et le progrès de civilisation des nations. — Mais comme c'est le premier principe de la civilisation, que les hommes respectent réciproquement leurs droits et libertés d'après l'équité et la loi naturelle, c'était aussi une conséquence : que les nations entre elles devaient régler plus distinctement les actions qui les concernent.

La civilisation n'avait pas encore des défenseurs au commencement du XVIIe siècle; car ce but de la civilisation qui n'est atteint que par des lois équitables, la justice et la paix assurées à tout le monde, fut alors encore ignoré pour l'administration publique des nations.

Aussi les droits de la société ne furent point respectés dans ce temps, et les gouvernements devinrent de plus en plus despotiques. — Alors les guerres religieuses et politiques allumèrent de nouveau la discorde entre les nations ; mais comme cette discorde mettait la sûreté des biens en question, elles furent forcées d'adopter des mesures pour régler leurs droits réciproques.

Le droit international ne fut point approfondi jusqu'au XVIIe siècle, et de même qu'aujourd'hui sa base n'était pas encore émancipée.

Mais les nécessités éprouvées par les navigateurs y remédièrent et prouvèrent le besoin d'élargir la base de la loi maritime.

Un de ces principes concernait la domination sur la mer, car après les Romains il n'était pas encore prouvé ou plutôt mis en question : « Qu'une partie de la mer puisse appartenir à une certaine nation. »

Il paraît pourtant que Venise avait déjà au XVIe siècle, réclamé la souveraineté sur la mer Adriatique ; mais nous savons d'une manière certaine que cela a eu lieu au XVIIe siècle.

« *Angelus Mattheacius* » soutient cette réclamation dans son ouvrage : « De jure Venetorum et juridictione maris Adriatici, » 1647.

Cet ouvrage commence par une très-grande prétention qu'il affiche en invoquant la domination vénitienne sur la mer Adriatique entière.

Un autre auteur ne revendique ce droit que pour le golfe de Venise, c'est « *Cornelio Francipane* » dans son ouvrage : « *Alegazion in jure per il domi-* « *nio della republica Veneta del suo golfo contra al-* « *cure scritture di napolitani* » (1618). — Il soutient ce droit contre les prétentions des Siciliens. — D'autres ouvrages en ce sens parurent en 1619, de Franciscus de Jugenius : « *Epistola de juridictione Venetæ reipublicæ in mare Adriaticum ; »* — de Julius Pacius : « *De dominio maris Adriatici ; »* de Palatius : « *Leo maritimus, sive de dominio maris contra Graswincelium ; »* de Paolo Sarpi : « *Del domino del mare Adriatico della republica di Venezia. »*

Gênes suivit l'exemple de la ville de Venise, et par son : « *Mare ligusticum* » s'appropria la domination sur la baie qui borde son territoire. — Des auteurs comme *Julius Feretus* (1579) *Burgus* : « *De dominio reipublicæ Gennensis in mari ligustico* » (1641) ; *Gras-*

winkel : « *Vindiciæ adversus Burgum, ligustici maris dominio assertorum* » (1652), étaient plus ou moins pour ou contre ce droit revendiqué par les Génois.

Après que les Espagnols eurent découvert l'Amérique du Sud, à la fin du XVe siècle, ils réclamèrent plus tard la domination sur la mer de l'Amérique centrale qui lie les deux Océans (l'isthme de Panama). — Mais l'Angleterre ne consentit point à une telle réclamation. — La Hollande résistait aussi contre les Portugais qui, — après avoir découvert le passage du cap de Bonne-Espérance, — voulurent dominer sur les mers des Indes. C'est alors que Hugo Grotius défendit dans son premier ouvrage (1609) « *Mare liberum* » les droits des Hollandais en ce qui concerne leur commerce et leur navigation dans ces mers. — Une réponse lui fut adressée par l'ouvrage de W. Freitas, publié en 1625 sous le titre : « *De justo imperio Lusitanorum Asiatico adversus Grotii mare liberum* » — qui est d'un avis contraire, comme l'est Shelden dans son ouvrage : « *Mare clausum* » (1635), où il est dit au liber II : « Mare ex « jure naturæ, sive gentium omnium hominum non « esse commune, sed domini privati, sive proprietatis

« capax, pariter ac tellurem esse, demonstratur, etc.,
« etc. » — Les mêmes vues sont propagées par un
Français : « *Gothofredus* » dans son ouvrage : « De
imperio maris » (1637) ; — mais un Danois, Panta-
nos, dans ses « *Discussiones historiæ de mari libero
adversus S. Sheldenum* » soutient les vues de Grotius,
et que la mer est libre pour toutes les nations et aux
titres égaux.

L'Angleterre ne prétendait qu'à la souveraineté
sur les rades anglaises : c'est prouvé par la Collection
des lois municipales publiée en 1651 par M. John
Boroughs.

Mais M. Willwood publia en 1653 un traité : « *De
dominio maris* », dans lequel il invoqua le droit de la
domination sur la mer par l'Angleterre. — Graswinkel
répondit par son ouvrage : « *Vindicatio maris liberi* »
et y ayant justifié la liberté sur la mer, — Shelden
cherche à détruire ses arguments par son ouvrage :
« *Vindicia maris clausi contra Graswincelium.* »

Shookius publia en 1654, son : « *Jus et imperium
maritimum* », dans lequel il démontra la nécessité de
la domination sur la mer pour toutes les nations, et
que chacune d'elles pût s'en approprier une partie
comme l'avait fait aussi la Hollande.

Mais Henricus Boeclerus démontre le contraire dans son ouvrage : « *Dissertatio de Minæ maris dominio* », publié en 1636.

Quant aux nations près de la mer Baltique, leur droit de dominer la mer fut reconnu et contesté dans quelques écrits : « Mare Balticum » et « ante mare Balticum. » — Groningius, dans son ouvrage : « *Consilium de maris Mediterranei dominio*, etc., etc. », publié en 1670, veut partager la mer Méditerranée entre les nations qui habitent le territoire près de cette mer.

Tous ces écrivains n'étaient que dans les éléments de la question sur la domination de la mer, et nous verrons plus tard que cette question avait gagné du terrain aux XVIIIe et XIXe siècles, surtout en ce qui concerne la différence faite entre la haute mer et la basse mer ou rades et ports, et ce qui nous a servi pour arriver à une solution de cette question, — car personne d'eux n'avait *limité* la mer sous une juridiction particulière.

Mais l'extension du commerce et de la navigation internationale nécessita d'autres règlements à l'égard de la juridiction particulière sur la mer, — que nous trouverons appréciés dans la suite du présent ouvrage.

CLEIRAC.

Cleirac nous a introduits dans une nouvelle sphère littéraire à l'égard du droit maritime international du XVIIᵉ siècle par son ouvrage : « *Us et coutumes sur la mer.* »

La première partie contient les jugements d'Oléron, les ordonnances de Wisby et les règlements de la ligue hanséatique. — La seconde partie contient les contrats maritimes et le commerce et enfin « le guidon sur la mer. » — La troisième partie contient la juridiction de la marine, résultant des ordonnances des rois jusqu'en 1661. — Sans doute Cleirac n'est qu'un historien de la loi maritime internationale, mais comme tel, il mérite d'être nommé, bien que nous ayons eu occasion de connaître ces lois dont il parle dans son ouvrage, et que nous n'ayons pas occasion d'y citer des idées ou principes qui lui sont propres.

GRONINGIUS.

Nous savons que Grotius avait protégé le commerce et la navigation des neutres ; mais Groningius l'a fait davantage ; il avait adopté le principe de la ligue hanséatique : *vaisseau libre, cargaison libre*, c'est-à-dire si un vaisseau est neutre, il peut transporter des biens ennemis, etc. Ce principe est posé en son ouvrage : « *Navigatio libera* », publié en 1695 à Rostock et à Lubeck en 1698. — Groningius et Hubner sont les seuls auteurs qui jusqu'ici avaient exactement soutenu cette maxime. — Il la justifie au premier chapitre par le droit naturel et la communication internationale : « De jure gentium » par la phrase : « Na-
« tura enim cùm non dedit uni terræ omnia et com-
« munis quædam societas inter gentes esset quæ sane
« cessaret et nulla gens alteram peteret, si nemo al-
« terius auxilio indigeret, inde jus naturæ vult, etc. »

BARON DE COCCEII.

Un ouvrage de cet auteur, publié en 1686, intitulé :
« Disputatio de commissis, ubi de mercibus contra-
bando », traite de la contrebande, et l'autre ouvrage
publié en 1697, intitulé : « De jure belli in amicos »,
interprète la loi générale des neutres. — Mais le
tout n'est qu'un extrait confus de l'ouvrage de Hugo
Grotius, et comme nous ne citons que les idées
neuves des auteurs, nous n'entrerons pas dans le
détail dudit ouvrage. (Voir pag. 112.)

HUGO GROTIUS.

La difficulté restait toujours celle-ci : comment régler les droits et devoirs des neutres envers les belligérants ?

Car en temps de paix, la loi internationale (maritime) fut partout réglée d'après le Consolato del mare ; mais il n'en était pas ainsi en temps de guerre.

Hugo Grotius posa des principes qui lui étaient propres, ne trouvant point dans l'histoire des nations une règle pour la conduite loyale des nations pendant la guerre, même dans le Consolato del mare et les lois françaises du XVIe siècle.

« Les biens et les vaisseaux de l'ennemi ne peuvent
« être capturés qu'à la haute mer, hors la juridiction
« d'un territoire d'une autre nation. Si les biens sont
« trouvés à bord d'un vaisseau neutre, le croiseur est
« obligé à payer au capitaine du vaisseau les frais
« stipulés pour le transport desdits biens pour les
« mettre en *sauvetage*. »

Il soutient : « que les biens neutres ne sont pas

« qualifiés de prise, s'ils se trouvent à bord d'un vais-
« seau ennemi. » Il est nécessaire de faire une différence exacte entre les marchandises qui forment la
contrebande et celles qui ne la forment pas ; les premières ne sont pas libres, les dernières le sont. —
La contrebande existe en : *armes, monnaies, pro-*
visions, vaisseaux, et objets qui servent à garnir les
vaisseaux.

Le commerce entre les belligérants et neutres est
libre, et même celui avec une partie des marchandises
formant ordinairement la contrebande, excepté *les*
armes, si ce commerce ne gène pas les opérations
militaires du belligérant, et dans ce cas le belligérant
peut se mettre en possession desdites marchandises,
soit en les payant, soit en les confisquant. (Liber III,
cap. VI, § 5, liber III, cap. XVIII, §§ 4, 3 et ensuite — cap. VI, §§ 5, 6, 26. — cap. I, § 5 ; —
cap. I, § 3 ; — cap. XVII, §§ 4, 3.) — En tant concernant Hugo Grotius.

KURICKE.

L'ouvrage de Kuricke, publié en 1667 à Hambourg, ne contient rien sur l'intérêt international, son : « *Civitatum hanseaticarum ordinatio nautica et jus* « *maritimum* », comme son ouvrage : « *Diatriba de* « *assecurationibus* », ne regarde que le droit maritime en général. Kuricke est un défenseur des principes de l'ancienne ligue hanséatique, que nous avons eu l'occasion d'exposer au commencement du présent ouvrage. Dès lors qu'il traite de la guerre il réclame toute liberté possible en faveur de neutres, puisque c'était la politique de la ligue hanséatique de rester neutre dans les guerres, s'il était possible.

LOCCENIUS.

Ce grand philosophe n'a pas consacré beaucoup de travail à l'intérêt international. Son ouvrage : « *De jure marítimo et navali* », — publié en 1651 à Stockholm, est principalement destiné au droit privé.

Dans le liber I, cap. IV, § 3, Loccenius fait voir comment les dissentiments entre les nations concernant la domination de la mer, étaient provoqués, et que cette domination devait être prise en considération dans l'intérêt de la navigation et du commerce. — Il est de l'avis : — *que tous en doivent profiter*.

Au chapitre IV, § 9, il traite brièvement du commerce des neutres, d'une manière déjà connue par d'autres auteurs. Dans le liber II, cap. IV, il ne peut pas bien comprendre la raison pour laquelle le vaisseau recapturé (repris) lorsque l'ennemi en a été en possession plus de vingt-quatre heures, ne peut pas revenir à son ancien propriétaire? Bien qu'il ne puisse pas trouver un motif qui justifie suffisamment cette mesure, il dit qu'il faut y adhérer parce que c'est un ancien usage.

L'on voit bien que les auteurs comme Loccenius n'argumentèrent qu'avec les usages et les coutumes du passé.

Au liber II, cap. IV, § 2, Loccenius qualifie les biens ennemis dans un vaisseau neutre, de prise légale; mais non pas les vaisseaux qui les ont transportés. Loccenius rend responsables les États neutres dont les individus transportent la contrebande et en font le commerce. (Liber III, cap. V, § 6).

PUFENDORF.

Cet auteur avait déjà conçu l'idée : que le droit maritime international devait se baser sur le droit naturel des gens, mais sa faute est d'avoir voulu tirer du droit international du passé, cette base qu'on y cherche en vain.

Pufendorf n'était donc pas un auteur plus ingénieux que les autres. Il a simplement copié dans ses premiers VIII livres jusqu'au chapitre VII, — Grotius, Stypmannus et Loccenius.

Les autres chapitres dudit dernier livre ne contiennent qu'un raisonnement sur la déclaration et la nature de la guerre.

STYPMANNUS.

Stypmannus, professeur à l'ancienne université de Greiffswalde, n'a donné dans son ouvrage intitulé : « *Jus maritimum* », publié en 1652, — qu'une revue historique des institutions établies pendant la paix au nord de l'Europe, et y fait entendre des prétentions nationales à l'égard de la domination sur la mer. Mais au Ve chapitre, Stypmannus prend en considération : la domination illimitée de la mer, et prouve la nécessité d'une *custodia maris*, qui a été toujours pratiquée depuis le temps de l'institution romaine : la *Prefectura maris*.

LEIBNITZ.

Ce grand philosophe et professeur à l'université de Berlin publia à la fin du XVIIe siècle son : « *Codex gentium diplomaticus* », où il reconnaît dans sa préface, l'existence d'un droit international consistant en droit naturel des gens et en droit positif des gens. — Il dit : *basis igitur juris fecialis inter gentes, ipsum naturæ jus est*.

Mais il ne faut pas croire que Leibnitz a voulu ou a pu (vu ses autres occupations scientifiques) donner une nouvelle base aux interprétations à la loi maritime internationale, et son ouvrage ne donne que ce qui existait déjà, en réfutant des décrets et des auteurs.

DÉCRETS ET JUGEMENTS DES ÉTATS MARITIMES
RENDUS AU XVIIᵉ SIÈCLE.

De tout temps « *vox populi* » a eu une grande influence sur l'action des gouvernements; mais, « *vox populi* » ne se fait pas mieux entendre que par la presse et par des gens de lettres consciencieux qui représentent la science et par conséquent qui protégent la civilisation.

La loi maritime internationale avait donc fait des progrès pendant le XVIIᵉ siècle par les efforts des auteurs, et spécialement en ce qui concerne la *visite*, la *domination partielle sur la mer*, — la *qualité de la contrebande*, la *prise* et la *reprise*.

Les gouvernements ne pouvaient pas rester étrangers à la discussion sur ces questions ; ils devaient y prendre une part active. Nous le prouverons spécialement par ce que les gouvernements français et anglais ont fait à cet égard.

LA FRANCE.

Colbert et Fouquet ont introduit un nouvel esprit dans l'économie économique de la France ; ils étendirent le commerce national aux colonies françaises et à l'étranger, introduisirent des manufactures en France, protégèrent la navigation, et Louis XIV porta la marine française à une hauteur telle que l'Angleterre d'aujourd'hui ne pourrait en disputer la supériorité.

Ce changement dans l'administration publique de France en faveur de la civilisation a nécessairement dû changer la loi maritime internationale pour favoriser son progrès.

L'ordonnance française la plus importante du XVIe siècle dont nous avons parlé plus haut, fut rendue en 1584. — Depuis 1638-1699 des ordonnances, déclarations, arrêts du conseil des prises et jugements (recueillis et publiés par M. Valin, II vol. Traité des prises) — furent rendus relativement aux droits des Français dans les prises faites par eux sur l'ennemi.

Mais un changement complet dans la loi maritime internationale suivie jusqu'ici en Europe résultait de la célèbre ordonnance de 1681. — Nous la passerons ici en revue, et puisque nous savons ce qui a été fait à cet égard dans d'autres pays, nous apercevrons facilement la nouvelle base donnée à la loi maritime internationale à la fin du XVIIe siècle.

(a) *Visite.*

L'ordonnance de 1681 conformément à celle de 1584 impose aux navires alliés et aux neutres d'obéir à la *semonce* et de faire baisser sur-le-champ ses voiles dans le but : que le navire français du gouvernement ou celui muni de lettres de marque puisse procéder à la visite. Les navires peuvent être arrêtés par le feu de l'artillerie, et dans le cas de défense, déclarés de bonne prise. — Mais si les navires ont à leur bord des papiers en ordre et s'ils ne transportent pas de contrebande, ils doivent immédiatement après la visite, être mis en liberté. — Si le navire porte un passeport du Roi, il ne peut pas être capturé. La prise ne peut être effectuée légalement ni dans un fleuve d'un pays ennemi, ni dans un port, ni sous le canon d'une forteresse amie ou neutre. — La prise est déclarée valide, si elle est faite dans un temps permis avant la signature d'un traité de paix.

(b) *Commerce des neutres.*

Le commerce des neutres ne devrait pas être interrompu ; mais comme il en dérive des abus, les vaisseaux neutres doivent être munis d'un passeport « *lettre de mer* » valable pour le voyage qu'ils font, et sans qu'aucune altération y soit faite.

Le vaisseau doit faire voile d'un port du souverain qui a garanti le passeport. — Tout vaisseau voilant sous un autre drapeau que celui qui appartient à la nation de laquelle il tient son passeport, ou tout vaisseau muni de deux passeports différents délivrés par deux souverains, sont qualifiés de bonne prise.

(c) *Preuve que la propriété est neutre.*

La neutralité des vaisseaux est prouvée par la présentation du certificat du propriétaire consistant en l'acte de vente ou en l'acte de construction. — Si le capitaine ou maitre d'un vaisseau quelconque jette à la mer les papiers du vaisseau, ou s'ils ne se trouvent pas à bord du vaisseau, alors le vaisseau peut être légalement capturé.

(d) *Vaisseaux et biens hostiles.*

Biens ennemis sur un vaisseau neutre ou ami, ou biens amis ou neutres sur un vaisseau hostile, sont réciproquement soumis à la confiscation, qu'ils appartiennent ou non à des Français.

D'après Valin, tous les biens étaient toujours soumis à la confiscation, — vaisseau neutre et biens ennemis et neutres, — quoiqu'une partie seulement soit hostile; il le confirme par un jugement du conseil du 26 octobre 1692 et par l'article 5 du règlement du 23 juillet 1704.

(e) *Asile des vaisseaux hostiles.*

Les vaisseaux hostiles avec leurs cargaisons sont

saisissables dans un port, ami ou hostile, où ils se sont réfugiés contre la violence de la mer. Mais les vaisseaux avec leurs prises ne peuvent séjourner plus longtemps dans un PORT NEUTRE, qu'il n'est nécessaire pour leur sûreté, et aussi longtemps que l'état du vaisseau l'empêche de sortir du port. — La crainte de perdre la prise à la haute mer n'est pas un motif d'accorder un asile à un vaisseau hostile.

(f) *La contrebande.*

Canons, armes, poudre, balles et autres objets servant à la guerre, étaient toujours soumis à la confiscation, s'ils devaient servir à l'ennemi n'importe dans quel vaisseau ils se trouvaient. Grains, épiceries et vivres sont soumis à la confiscation, s'ils sont destinés à l'approvisionnement d'un port bloqué, de même le *goudron* et la *résine*, excepté s'ils sont transportés par des vaisseaux suédois; et chevaux s'ils ne sont pas destinés au service du vaisseau. — Toute autre marchandise peut être apportée à l'ennemi.

Si la prise a été plus de vingt-quatre heures entre les mains de l'ennemi, la reprise est au croiseur « *in toto*;»mais si l'ennemi en était en possession moins de vingt-quatre heures, un tiers de la prise seulement appartient au croiseur, et le reste revenait à son propriétaire.

L'ancienne règle qui oblige le croiseur de mettre la prise en sauvetage, n'y est plus observée, c'est sans doute pour encourager les croiseurs.

Cette nouvelle maxime à l'égard de la reprise n'était applicable qu'aux vaisseaux des amis ou alliés, mais non pas aux vaisseaux des neutres s'ils étaient capturés pour cause de violation de neutralité.

(g) *Devoirs des croiseurs.*

Les croiseurs sont obligés d'apporter leur prise dans le port d'où ils sont sortis, à moins que par le mauvais temps ils ne soient obligés de prendre refuge dans un autre port. — Dans ce cas ils doivent envoyer leur prise au port le plus près du royaume ou du territoire neutre. — Il leur est défendu d'abandonner leur prise, et s'ils ne la peuvent pas conserver, ils doivent la brûler ou rançonner; mais en prenant en même temps la précaution de s'assurer des papiers du vaisseau et des principaux officiers qui s'y trouvent.

Il est défendu sous des peines sévères de piller les prises. — Les capitaines du vaisseau doivent déclarer la prise devant les officiers de l'amirauté qui doivent l'examiner ; le capitaine, etc., du vaisseau capturé doit être interrogé par les officiers. — Le vaisseau doit être considéré comme bien naufragé si l'on ne peut pas avoir la certitude par qui le vaisseau a été capturé.

(b) *Vente et division des prises.*

Un conseil des prises fut établi en France en 1559 et confirmé en 1695. — Appel fut laissé ouvert aux parties intéressées pour la seconde instance au conseil d'État, et pour la troisième instance au conseil royal des finances. — Les papiers durent servir à l'instruction et à la preuve pour la prise. — Le conseil des prises dut mettre en sûreté tout vaisseau naufragé pour donner son jugement. — Il est compétent en toute matière de prise, soit faite sur les neutres, soit sur les ennemis.

La prise neutre amenée dans un port neutre, mais non pas dans celui qui appartient à la nation sur laquelle la prise a été faite, n'était soumise à aucune reconnaissance, du neutre. — Mais si elle était amenée dans son port, bien qu'étant une prise valable, elle était restituée au propriétaire neutre.

Aucune restitution des effets chargés dans un navire hostile, n'a été faite de quelque côté qu'elle ait été réclamée, on ne rendit non plus une partie des objets appartenant aux neutres et chargés ensemble avec des objets ennemis sur un navire ami, s'il n'y avait pas un permis du Roi. — La capture pouvait être faite illégalement sans reconnaître les dommages et intérêts. Il fallait que la capture fût positivement illégalement faite pour accorder les dommages et intérêts, — réclamés.

Tout jugement était exécuté sans délai si l'appel n'était pas annoncé et interjeté, et dans ce cas un cautionnement était réclamé.

Ce que nous venons de dire concerne les ordonnances françaises du XVIIᵉ siècle et spécialement de 1681. — Le principe que l'ordonnance de 1681 proclame « que les biens neutres sont saisissables à bord « d'un navire ennemi comme les vaisseaux neutres

« qui transportent des biens ennemis, » — ne fait pas une exception à la règle française, qui jusqu'ici a été suivie pour le droit maritime international , et il se trouve déjà dans les ordonnances royales de 1543 et 1584.

ANGLETERRE.

L'Espagne et la France avaient soutenu ce principe : — que les vaisseaux neutres, transportant des biens ennemis, peuvent être confisqués comme les biens neutres dans les vaisseaux ennemis ; — Pour y arriver à une unité, l'Angleterre *qui n'était pas de cet avis*, proposa de traiter par une commission mixte concernant les principes du droit maritime international, ce qui fut adopté par la France.

Les commissions anglaise et française n'ont pas pu s'entendre, et selon les mémoires de « *Winwood* » vol. I, p. 19, 22, 23, les envoyés de la reine Élisabeth et du roi Henry IV s'étaient séparés sans être arrivés à un résultat. Le motif en était : que la France réclamait un traité qui lui garantirait l'exemption de la visite. Un an après, l'ambassadeur français demanda au gouvernement anglais :

1° Que le drapeau français dispense de la visite sur le navire qui porte ce drapeau.

2° Que les reprises soient effectuées dans un certain temps, etc.

3° Que le croiseur ait à prouver l'évidence d'hostilité contre les biens et navire français.

Mais la réponse du gouvernement anglais était évasive en invoquant les mêmes droits que la France et l'Espagne avaient exercés pendant la guerre, et statua que dans le cas d'adhésion aux conditions françaises, toutes sortes de biens pourraient être transportés sous la protection du drapeau français.

Mais il parait pourtant, que la reine Élisabeth avait adhéré à la demande du roi Henry IV, car nous trouvons dans le livre de Hugo Grotius (De jure belli et pacis, lib. III, cap. I, § 6) la phrase : « Galli vero « post pacem verbiniensem cum Hispano factam, Eli- « sabethâ Angliæ reginâ, in bello perstante, rogati ab « Anglis ut naves gallicas in Hispaniam euntes excu- « tere liceret, ne quis forte bellicus paratus occulta- « retur, concedere ne hoc quidem voluere dicentes, « obtentum rapinis et commerciis turbandis quæri. »

C'est donc que la reine Élisabeth avait demandé la permission de pouvoir visiter des vaisseaux français qui allaient en Espagne, et si elle avait un droit d'y faire la visite elle n'aurait pas eu besoin d'en demander la permission.

Aussi la France refusa de permettre la visite, par

le motif que cela suffirait pour entraver son commerce.

Mais rien n'est dit à cet égard dans le traité de 1606 conclu entre la France et l'Angleterre, et le décret de Charles Ier défendit en 1625, à qui que ce soit, d'apporter des grains, des épiceries, ou autres munitions au roi d'Espagne, sous peine de confiscation. La même chose est dite dans sa proclamation concernant la contrebande (1626), déclarant de bonne prise des navires et cargaisons où l'on aura trouvé de la contrebande. (Rym., Fœd., vol. XVIII, page 856.) Les navires ont été rendus responsables non-seulement en ce qui concernait leur voyage en Espagne, alors pays ennemi, mais aussi pour le voyage de retour d'Espagne. Mais d'après Pardessus, Collection maritime, pages 66 et 67, cette pratique fut abandonnée, et les cours des amirautés ne condamnaient plus en matière de contrebande sur un vaisseau venant d'un pays hostile.

Dans la même année, Charles Ier institua une commission composée de membres qui étaient des savants, pour régler la loi maritime internationale applicable aux amis et aux ennemis ; mais pour parler avec le Rym., Fœd., vol. XVIII, page 731,

— nous ne savons pas ce que cette commission avait résolu.

Le traité de commerce conclu en 1632 entre la France et l'Angleterre, contient positivement le droit à la visite réciproquement reconnu entre les parties contractantes, et la manière d'y procéder.

En 1644, les Lords et Communes déclarèrent légal un jugement par défaut de l'amirauté, parce qu'elle avait convoqué les parties intéressées dans la prise, bien que cela fût ignoré desdites parties hollandaises, — et parce que la convocation fut faite par un placard affiché à la Bourse de Londres, le 21 mars 1644, et enfin parce que la partie avait été convoquée pour une seconde fois et condamnée par défaut quatorze jours après. — Ils avaient confirmé le jugement parce que c'était la règle générale observée par toutes les cours étrangères, et même par celle de la Hollande.

Telle fut la réponse faite à la Hollande qui réclama une prise faite sur elle, et condamnée par défaut par la cour de l'amirauté anglaise.

Rien de positif n'était encore fait ni en Angleterre ni à l'étranger sur l'unité de la loi maritime inter-

nationale, quand Charles Ier tomba et lorsque la république anglaise fut proclamée.

Cromwell, le despote républicain, bien qu'il ne
pouvait pas gouverner autrement avec les conjurations
dirigées contre lui et la République, — dépassa l'é-
quité du droit maritime international selon le droit
des gens, et son acte connu sous le nom : « *Ships
act* », — entrava le commerce et la navigation étrangère en Angleterre au bénéfice des Anglais. — Cet acte
qui était si injuste et contre tout droit international,
fut pourtant pendant deux siècles la loi anglaise, et
il n'y a que dix ans qu'il a été reconnu comme étant
injuste envers d'autres nations et aboli par les efforts
du ministère Peel, Russel, Palmerston ; — mais
il faut l'avouer après que l'Angleterre s'était pro-
curé par une telle mesure destructive, la supériorité
de sa flotte marchande et de son commerce maritime
sur celles des autres nations. Ayant détruit par là
l'influence de l'industrie, du commerce et de la navigation étrangère en Angleterre, il était aussi bien
facile d'y introduire — l'idée du « *free trade* » (1),
(commerce libre ou libre échange), — c'est-à-dire
une réduction du tarif des Douanes, puisque l'An-

____

(1) Voir mon ouvrage : *l'Économie politique*, Leipzig, 1852.

glais n'avait plus rien à craindre de l'industrie, du commerce et de la navigation étrangère, car pendant deux siècles il avait travaillé pour anéantir dans son pays l'influence étrangère.

Le gouvernement anglais qui, en détruisant le Cromwell Ships act, lequel était contraire à la première maxime libérale du droit marime international, — avait commencé à protéger l'étranger en Angleterre.

Les gouvernements monarchiques peu favorables à la république anglaise, lui cherchèrent aussi des querelles et réclamèrent de leur côté plus qu'il ne leur était dû.

C'est ainsi qu'en 1653 la reine Christine de Suède réclama la liberté du commerce avec la contrebande sur les vaisseaux suédois. Mais la commission républicaine : « *Le bien-être commun* » — alors à la tête du gouvernement anglais, repoussa cette prétention. (Voir Collection maritime, pages 145, 146.)

En 1655, la Hollande, bien qu'amie avec l'Angleterre, avait soutenu la même prétention par une neutralité armée.

Le roi d'Espagne qui soutenait ses armées en Hollande, était alors en guerre avec l'Angleterre. — Il envoya en 1656 de l'argent à ses troupes en Hollande et par des *vaisseaux hollandais*, qui étaient protégés par des navires armés. — Mais Cromwell ordonna la visite sur tout vaisseau hollandais pour y chercher les biens ennemis espagnols. — Plus tard, en 1657, l'Angleterre refusa aux Hollandais des sept provinces réunies d'admettre la *neutralité armée comme principe contre l'exécution de la visite sur les navires neutres*. (Voir Collection maritime, page 146.)

Sous le règne de Charles II, le droit maritime international fut autrement interprété que sous la République. En voici les principes :

En juillet 1667, des vaisseaux suédois neutres étaient confisqués, parce qu'ils avaient à leur service des matelots Hollandais (hostiles), et c'était l'acte le plus illégal qui s'était jamais présenté pour le droit maritime international.

Le traité avec la Suède de 1668, permet l'envoi de la contrebande détaillée et spécifiée à l'ennemi, pourvu qu'elle soit le produit dudit pays. — Un jugement rendu le 23 février 1668, contient le principe que le croiseur est tenu à la restitution des biens, mais non pas aux dommages et intérêts, s'il y avait des soupçons seulement pour la prise, et si le croiseur avait agi « *bonâ fide.* »

Par jugement rendu le 30 juin 1668, et le 17 juillet 1673, des vaisseaux furent condamnés parce que l'ennemi était co-propriétaire ; mais d'autres furent acquittés parce que le capitaine seul était de la nation ennemie ; mais non pas le propriétaire du vaisseau. Les jugements rendus le 15 juin 1669, le 7 janvier 1673, le 26 février 1673, facilitent aux étrangers le droit de prouver l'évidence. — Par un jugement rendu le 13 juillet 1669, la formalité du passeport n'était pas un motif pour la condamnation du vaisseau ; mais la faute de ne pas y avoir indiqué le port où le vaisseau doit entrer, — était suffisant pour le condamner.

Un jugement rendu le 15 juillet 1673 reconnaissait la prise légale, parce que le passeport était faux, — et que le navire avait à son bord des biens ennemis. — Par un jugement rendu le 29 juin 1671, le vaisseau seulement fut condamné parce qu'il avait un faux passeport. — Par un jugement rendu le 28 février 1673, le vaisseau fut acquitté parce qu'il était prouvé que la cargaison et le vaisseau appartenaient aux neutres, bien que le passeport ne portât point l'indication de l'endroit où le vaisseau devait entrer. — Un jugement rendu le 13 juin 1673, par une cour d'amirauté en Écosse, acquitta un vaisseau porteur de deux passeports différents, parce qu'il ne constitue par une prise valable.

Un jugement rendu le 17 juin 1673, dit que les soupçons suffisants permettent la prise, mais il est admis à prouver que le navire et la cargaison appartiennent aux neutres.

Par un jugement rendu le 14 février 1673, le vaisseau neutre fut restitué mais les biens ennemis confisqués, parce que le capitaine les avait reçus : *bonâ fide*, et avant que les hostilités entre belligérants aient éclaté et aient été connues.

Par jugement de l'amirauté, du 27 février 1673, un vaisseau qui porta de la contrebande, et échappa à la visite, était pris pendant son retour et fut acquitté attendu : que la *contrebande* seulement constitue la qualité de la prise.

Par un jugement rendu le 28 février 1673, la prise fut restituée, bien qu'il était prouvé : que les papiers avaient été jetés dans la mer, et cela ne fut attesté que par un témoin seulement.

Un jugement rendu le 12 juin 1673, condamna

un vaisseau parce que le passeport avait été délivré sur un faux serment; à cette occasion, la cour
donna quelques autres mesures concernant la prise,
mais qui sont trop insignifiantes pour en faire mention. (Voir Institution of the law of Scotland by
lord Stair, 1681.) Comme il n'y avait pas une loi
positive du droit maritime international, les jugements furent rendus suivant les circonstances et bien
souvent nous trouvons une différence entre les jugements rendus en Angleterre, Écosse et Irlande, en
ce qui concerne leur base juridique; car la loi et la
juridiction de ces royaumes, bien que réunis sous
la couronne d'Élisabeth, sont indépendantes l'une de
l'autre.

C'est la preuve qu'il n'y avait pas en Angleterre
une loi positive du droit maritime international.

Quant à la loi maritime internationale, pratiquée
dans le royaume uni d'Angleterrre pendant le xvii^e
siècle, nous avons eu l'occasion de remarquer, qu'elle
a été quelquefois moins sévère que ne l'est le « *Consolato del mare* » d'après lequel elle fut généralement
rédigée, ainsi que la loi de tout autre pays. Elle
fut beaucoup plus libérale envers la France, en
ce qui concernait la visite et les prises des vaisseaux

neutres et des biens ennemis, etc., que ne l'étaient les ordonnances françaises du XVII° siècle envers l'Angleterre, etc. Mais cela n'était que pour un certain temps; car l'Angleterre n'étant pas alors si forte sur la mer que la France, voulait propager les principes libéraux de la loi maritime internationale pour pouvoir en profiter en cas de guerre maritime, etc. Aujourd'hui c'est justement le contraire avec l'Angleterre et la France.

LES ÉTATS ITALIENS.

Le *Consolato del mare* dans ses chapitres concernant la paix et la guerre, a été pleinement mis en pratique en Italie, et ne subit aucun changement pendant le XVIIe siècle. Il en est ainsi dans les ouvrages de *Roccus* : — « *De navibus et naulo* , 1655 » et de *Targa* : — « *Ponderazoni maritime* 1692. »

ESPAGNE.

D'après le traité de navigation et commerce conclu entre la Hollande et l'Espagne en 1650, et celui entre l'Espagne et la France en 1659 : « les biens ennemis à bord des vaisseaux nationaux ne sont pas soumis à la prise, il en est de même des autres nations : si les biens hostiles sont devenus la propriété du capitaine du vaisseau ami et si cela est prouvé par une inscription ou une hypothèque. »

Autrement les biens hostiles sur un vaisseau ami pouvaient être capturés par les croiseurs. Voir d'Abreu dans son « *Tratto sobro las Presas* », chap IX. Martens dans son Cours diplomatique, tome III, pag. 168, dit vaguement : que l'Espagne à l'exemple d'autres nations avait reconnu au XVIIe siècle la liberté du commerce des puissances neutres pendant la guerre. Le traité signé entre la Suède et la Hollande de 1675, déclare aboli l'armement en course, et l'Espagne fut invitée à y souscrire ; mais elle le refusa.

HOLLANDE.

Hugo Grotius fut suivi en Hollande à l'égard du droit maritime international, comme il l'a traité dans son ouvrage que nous connaissons déjà, et qui ne contient guère autre chose que le perfectionnement du « *Consolato*. »

La guerre de l'indépendance pendant le xvıᵉ et le xvııᵉ siècle soutenue contre l'Espagne fut favorable non-seulement à plusieurs puissances du Nord, mais aussi à la France qui y avait un intérêt politique direct.

Les principes que les Suédois et les Hollandais soutenaient et voulaient faire valoir, concernant l'exemption de la visite sur les navires neutres, furent repoussés par l'Angleterre et la France.

Mais plus tard la France signa le traité de 1646, et pour être agréable à la Hollande l'exemption de l'ordonnance de 1581 lui fut accordée, et les vaisseaux ennemis ne furent plus cause de la condamnation des biens amis; les biens ennemis ne furent pas non plus cause de la confiscation des vaisseaux amis. Cette stipulation ne fut que temporaire, bien que par la suite la Hollande soutint : qu'elle devait former une loi positive entre les deux nations.

Un traité passé entre la Hollande et la Suède en 1675, abolit l'armement en course ; mais les corsaires ne furent pas destitués dans les guerres postérieures à ce traité.

SUÈDE ET DANEMARK.

Nous avons vu : que la Suède d'accord avec la Hollande faisait des efforts en 1653, sous Christine, pour faire exempter ses vaisseaux de la visite par une neutralité armée, cela était même contre la loi exécutée jusqu'ici au nord de l'Europe ; mais Pufendorf dans son histoire de Suède, nous montre qu'enfin cette prétention fut abandonnée, ou qu'elle n'était reconnue nulle part. Le roi de Danemark, alors en guerre avec la Suède, fit savoir en 1659 : que les certificats concernant la propriété du vaisseau neutre devaient être authentiques, qu'aucun bien appartenant à l'ennemi ne devait se trouver sur le vaisseau, et que la cargaison devait être certifiée neutre par un document qui porte : que les biens appartiennent « bonâ fide » à des négociants neutres, et détermine la spécification en leur nombre et qualité, et que ces certificats doivent avoir validité devant la cour, s'ils ne sont pas falsifiés ; que la contrebande doit être prohibée pour les vaisseaux neutres allant ou venant de Suède, que la contrebande y compris les munitions est constituée par les produits des manufactures de Suède et les objets destinés aux fabriques de Suède.

Mais les vaisseaux neutres et les biens neutres, s'il est prouvé qu'ils appartiennent aux neutres, sont libres, et ils peuvent être exportés de Suède s'ils ne sont pas fabriqués dans ce pays.

CHAPITRE V.

De ce que la France avait déclaré au XVIIe siècle, contrairement à l'usage de l'Angleterre; l'Angleterre contrairement à la règle suivie par la Hollande et l'Espagne ; l'Espagne contrairement aux vues de Suède et de Danemark, il en résultait que les nations entre elles n'étaient point d'accord sur ce qu'on devait faire des règles proposées ou adoptées par des gouvernements différents.

Le traité de Westphalie si profitable aux droits et aux devoirs des neutres pendant la guerre sur terre, est indifférent au sujet de la guerre maritime.

Ainsi donc il faut que nous sachions comment le droit maritime international s'était formé au XVIIIe siècle par les principes déjà émis par les gouvernements et des écrivains du XVIIe siècle.

BYNKERSHOEK.

Dans son ouvrage : « De dominio maris, 1702 », Bynkershoek, président de la cour suprême de Hollande, reconnaît avec Hugo Grotius : que la nation puisse s'approprier 1° la mer sur une distance égale à celle d'une portée de canon; 2° la mer qui borde le territoire d'une puissance des îles ou des bancs qui forment un passage (détroit, canal) dans la mer. — Mais en même temps il dispute à l'Angleterre et à Venise le droit de pouvoir s'approprier la mer, bien qu'il y ait des îles, et que la mer baigne leur territoire.

Nous voyons déjà une grande inconséquence de Bynkershoek dans cette maxime qui, du reste, est un peu obscure. Il ne définit pas positivement : que cette limitation et appropriation ne regardent que la mer qui entoure le territoire d'une certaine puissance, et il ne dit pas non plus pourquoi il faut adopter cette limite. — De là résulte justement l'inconséquence qu'il commet en ne voulant accorder ni à l'Angleterre ni à Venise ce qu'il avait proclamé comme loi.

Dans son autre ouvrage intitulé : « Questiones juris publici, 1737 », — il démontre : que le commerce entre les ennemis doit cesser, et que si les vaisseaux ennemis sont pris à la haute mer ils deviennent la propriété du croiseur sans que le temps dans lequel la prise a été faite soit pris en considération ; et il continue en disant que : le croiseur qui reprend la prise ou plutôt qui fait une reprise en est propriétaire, sans être tenu d'en restituer une partie ou le tout au premier propriétaire. — « Si le croiseur n'a pas fait la reprise à la haute mer, le propriétaire primitif a droit à la restitution pourvu qu'il paie une récompense répondant aux dangers que le croiseur a encourus en faisant la prise. — Les dettes et autres réclamations entre les belligérants ne peuvent être réglées qu'en temps de paix. »

Il n'est pas légal d'attaquer l'ennemi dans un port neutre, et il est incertain de savoir si deux flottilles ennemies (qui ont commencé une lutte sur la haute mer) peuvent continuer les hostilités sur la partie de la mer qui appartient au territoire d'une nation neutre.

Il dit à cette occasion : « que le neutre a sans doute droit à ce que les hostilités ne commencent pas sur son territoire; mais il ne peut guère empêcher que les hostilités ne finissent sur son domaine (liber I, chap. VII-IX).

« Tout ce qui peut servir à la défense de l'ennemi est qualifié de contrebande (chap. X).

« Les ports ennemis cernés par des vaisseaux ennemis sont pris ou bloqués.

« Les biens neutres ou amis ne sont pas soumis à la confiscation à bord d'un vaisseau ennemi et ils doivent être remis au premier propriétaire, soit qu'il paie les frais du transport, soit qu'il n'effectue pas ce paiement.

« Quant à ce qui regarde les vaisseaux neutres chargés des biens ennemis, ils ne sont pas non plus susceptibles de confiscation.

« Si le croiseur conduit sa reprise dans un port neutre elle devient sa propriété; mais si elle est apportée dans le port d'un allié, la propriété revient à son premier propriétaire (liber I, chap. XV-XVI).

« Tous les croiseurs doivent avoir une permission d'agir sur la mer ; s'ils ne l'ont pas ils sont considérés comme pirates ; de plus ils doivent donner une garantie de leur bonne conduite, et ils doivent être responsables des dommages causés par eux (liber I, chap. XVII, XVIII et XIX).

« Si un vaisseau marchand qui n'a pas la qualité de corsaire est engagé avec l'ennemi et si, par suite de cette lutte, il fait une prise, elle appartient au capitaine et aux matelots, et non pas au maître du navire de la cargaison (liber I, chap. XX).

« Il est légal pendant la guerre, de visiter tous les vaisseaux (liber I, chap. XXI). »

Ces maximes vont plus loin que celles que tous les auteurs avaient posées jusqu'ici ; mais elles ne sont pas justes pour cela. — Ce que nous avons dit concernant la limitation de la mer, nous le disons à l'é-l'égard des hostilités et des prises faites par un navire marchand ; — questions qui ne causent que des troubles si elles ne sont pas logiquement posées dans la partie du droit maritime international.

SAMUEL DE COCCEII.

Nous avons déjà parlé de cet auteur lorsque nous avons cité les auteurs du XVIIe siècle. — Cocceii, jurisconsulte prussien, est un des premiers auteurs du Code prussien (Allgemeines Landrecht) ; et à cause des fonctions publiques qu'il avait alors à remplir, il ne pouvait pas consacrer beaucoup d'étude au droit maritime international. — Il n'a interprété que Grotius dans son : « Officium bellum gentium », et dans son : « Dissertatio de jure belli in amicos », et encore il l'a mal interprété. Il dit que : la contrebande n'est pas déterminée par la qualité des marchandises, mais par la destination des marchandises, si elles sont à l'usage de l'ennemi, et par ce motif le commerce avec les neutres est légalement restreint sur ce point.

Ces vues sont fausses, car pour nuire à l'ennemi et spécialement pour lui enlever la force matérielle de se défendre ou de devenir offensif, on lui ôte ses moyens en détruisant entièrement son commerce international et en empêchant qu'il ne reçoive des munitions, etc.

C'est ainsi que nous l'avons défini dans notre Code, à l'égard du commerce avec les neutres, comme étant équitable selon le droit naturel.

Mais nous trouverons chez les autres auteurs, que Coceeii n'était point considéré comme une autorité dans la loi maritime internationale, comme nous l'avons déjà dit page 71.

CASSAREGI.

Heineckius et Bynkershoek nous ont fourni par leurs ouvrages les principes de droit maritime international du Nord. *Casaregi*, ce célèbre savant italien, nous fournira les coutumes suivies au sud de l'Europe. Son ouvrage : « Discursus legales de commercio », contient les jugements des cours italiennes des XVIIe et XVIIIe siècles jusqu'en 1737, et on y trouve les principes suivants qui concernent le droit maritime international italien :

« La mer est libre, et personne ne peut empêcher qu'on en fasse usage. — La liberté sur la mer ne peut pas être niée, et aucune loi ne la contredit. » (Disc. 211, n°s 22-24.) Mais il continue :

« La mer, appartenant au territoire d'un pays, est également assujettie à sa juridiction civile et criminelle : pourtant de manière à ce que la navigation ne soit pas prohibée. » (Disc. 136, n°s 1, 2, 3, 4.)

Mais quant à l'état de guerre il dit, à l'égard des marchandises neutres :

« Ad hoc ut merces licite deprædentur, non suffi-

« cit, quod in origine fuerunt inimicorum, sed re-
« quisitur, quod tales etiam fuerint de tempore præ-
« dationis. » (Dis. 224, n° 27.)

Et puis il continue à l'égard de la visite des navires,
la prise et la reprise :

« Naves deprædari possunt et comburi, ratione
status politici ne hostes opulentiores fiant. » (Dis. 212,
n° 34.)

« Deprædatio rei existimatæ inimicorum lege hu-
mana et divina permittitur. » (Dis. 212, n° 55.)

« Naves inimicorum de jure gentium in quocum-
que mari existant, deprædari possunt. » (Disc. 174,
n° 5.)

« Naves et merces tunc demum fiunt capientis
quando 24 horas prius fuerint detentæ a prædatoribus,
vel saltem fuerint naves licet momento intra eorum
præsidia, non insecuta ab hostibus, etc. » (Disc. 24,
n° 7, 8, 9.

« Hostium personæ et bona possunt ubique capi,
etc. » (Disc. 224, n° 11, 13, 17.)

« Et navis iter faciens in alieno territorio non hos-
tili, non licite prædari potest. » (Disc. 224, n° 11,
13, 17.)

« Navis deferens merces mercatoribus degentibus

in territorio principis amici, et si in origine inimici, prædari non potest ; sed contrarium in hoc puncto decisum fuit, quia subditi principis inimici licet degant in territorio alterius principis amici ; non desinunt esse inimici ac hostilis amici, ideoque eorum bona quæ per mare transeant uti inimicorum capi possunt.» (Disc. 224, n° 28.)

« Bona inimicorum onerata in navi amica seu inimica ad littus inimicum vi tempestatis impulsa, prædari possunt. » (Disc. 224, n° 31.)

Il dit ensuite : « Des navires qui sont sous la protection d'un pays neutre sont en sûreté dans ses ports, mais dès lors qu'ils ont gagné la haute mer ou un port ennemi, ils peuvent être pris. Dans le cas où il y a une prise dans ces ports etc., elle doit être restituée au propriétaire.» (Disc. 174, n°° 12, 13.

Les navires hostiles peuvent être pris dans le port et dans la mer d'une autre puissance si la lutte les y a amenés ; car, dit-il : « Jus defensionis nullum limitem agnoscit. » (Disc. 174, n° 10, 14, 15, 16.)

« Sur la mer et dans le port d'une puissance neutre, aucun navire ne peut être visité pour un soupçon de contrebande puisqu'on ne peut pas y exercer une juridiction. » (Disc. 174, n° 16.)

« Quant aux marchandises d'un ennemi elles sont passibles de confiscation. » (Disc. 214, n° 23, 27.)

« Toutes les marchandises et navires, etc., sont présumés hostiles y inclus ceux des pirates, si le contraire n'est pas prouvé, etc., etc. » (Disc. 224, n° 18.)

« Les vaisseaux neutres ne peuvent pas être confisqués s'ils transportent les biens ennemis. Mais les biens neutres peuvent être confisqués s'ils sont de nature à protéger l'ennemi.

« Ordinairement les biens de ceux qui aident l'ennemi dans la guerre ou de ceux qui sont alliés avec lui, sont passibles de confiscation.» (Disc. 224 n°° 18, 19, 22, 23. Disc. 211 n°° 5, 6.)

« Aucun corsaire ne peut exercer légalement le droit de faire des prises, s'il n'est muni d'un permis.» (Disc. 224, n° 25.)

« Le navire, s'il est même ami, qui résiste à la visite, ou change son pavillon peut être capturé.» (Disc. 224, n° 26.) « Le pavillon constitue la nationalité du navire.» (Disc. 211, n°° 5, 6.)

« Navis per piratas capta et vendita recuperari ab emptore per dominum non potest, nisi refuso pretio, cum omnibus naulis. — Et hoc procedit in piratis exteræ gentis. Scens in piratis ejusdem gentis. Verum si navis non fuit redempta, sed recuperata a piratis, recuperantes nullo modo tenentur ad ejus restitutionem. » (Disc. 224. n° 1, 2, 6.)

« Causa justa dijudicandi, MERCES et VICTUALIA ad inimicos spectare, bonam fidem deprædationis inducit, etc. » (Disc. 212, n° 56 et 66.)

« NAVIS MUNITA VEXILLO INIMICI, præsumitur INIMICA, etc. » (Disc. 213, n° 34.)

Mais il continue :

« Prædator insequens navem munitam vexillo inimici excusatur etiam quoad damna et interesse. » (Disc. 213, n° 38.)

« ARMA, FERRUM, NAVES et ALIA AD USUM BELLI PARATA PROHIBEATUR deferri ad Turcarum et Infidelium regiones quoad omne tempus et omnem locum. » (Disc. 214, n° 41.)

Dans ces principes nous reconnaissons facilement la base du *Consolato del mare*, qui avait toujours servi à la protection de la navigation et du commerce maritime des États du sud d'Europe. Les écrivains de ces États avaient donc un intérêt particulier et national en propageant les maximes du *Consolato*.

HEINECCIUS.

Comme grand jurisconsulte, Heineccius publia une collection des écrits de *Kuricke*, *Stypmannus* et *Loccenius*. Ses maximes sont énoncées dans son ouvrage : *Exercitatio de navibus*, publié? (peut-être en 1732). — Heineccius déclara de bonne prise toute contrebande, et non-seulement : canons, poudre, armes et autres instruments de guerre, mais aussi, sel, grains, vin, huile, voiles et autres objets servant à l'armement des navires.

Quant au commerce neutre, il dit : « que la prise des vaisseaux neutres est légale, par le transport des biens ennemis et si le capitaine n'est pas induit en erreur à cet égard par son : *bona fides*. » — Le même principe de bonne foi est soutenu quant aux vaisseaux engagés pour le transport de la contrebande.

Il n'y a pas de doute que tous les vaisseaux et cargaisons de l'ennemi forment la *res hostium*, et en conséquence sont soumis à la confiscation.

Si les vaisseaux échappent à l'ennemi ou sont

dégagés par une rançon, ils recouvrent leur ancienne condition ; mais si le navire échappe et entre dans un port neutre pour se garantir contre la violence de la mer, alors le croiseur qui l'avait laissé échapper peut s'en emparer dans le port neutre (sans doute comme bien qui lui appartient *à priori*), et que le neutre ne peut pas le retenir et refuser de le délivrer.

Il n'admet pas que les biens amis peuvent être confisqués sur un vaisseau ennemi, pas plus que le vaisseau ami, parce qu'il transporte de la marchandise ennemie.

Pour reconnaître le vaisseau ennemi, le drapeau ennemi est un motif pour le capturer et le confisquer, s'il n'est pas prouvé : que le drapeau ennemi n'était employé que par ruse et pour échapper aux pirates, etc. — On doit prouver également la légalité de la transcription et de la transaction de la propriété, et toute prise doit être condamnée par l'autorité légale.

Dans ses arguments, Heineccius peut être considéré comme un auteur qui est plus logique et plus versé dans le droit naturel et l'équité, que ne l'étaient la plus grande partie de ses prédécesseurs, mais il

n'introduisait guère un véritable progrès dans le
droit maritime international, puisqu'il n'interprétait
que ce que les autres jurisconsultes et les États avaient
fait jusqu'ici.

VATTEL.

Vattel était un Polonais, conseiller de la couronne saxonne et élève de Wolff. — Bien qu'il ait suivi son maître sur les maximes du droit maritime international, il les a pourtant traitées plus en détail que ne l'a fait le baron Wolff.

L'ouvrage de Vattel a été publié en 1758 et comme nous ne donnons qu'un bref extrait de ce que dit Vattel, nous parlerons tout à l'heure de son professeur Wolff pour connaître leurs idées.

« Tous les sujets des nations ennemies sont considérés comme ennemis et leurs biens sont passibles de confiscation. Les biens neutres dans un pays ennemi ou sur un vaisseau ennemi sont libres s'il est prouvé qu'ils appartiennent aux neutres. — Les belligérants peuvent confisquer les dettes qui sont à payer à une nation ennemie ou du moins ils ont le droit d'en faire suspendre le paiement. Mais il est trop sévère, dit-il, et en général les dettes publiques ou nationales ont été toujours respectées (livre III, chap. V, §§ 75-77). »

Vattel indique deux droits pour se mettre en possession de ce qui appartient à l'ennemi. Premièrement : le droit de s'approprier ce que l'ennemi a pris et refuse de donner, et secondement : le droit de lui ôter les moyens de défense (livre III, chap. IX, § 160). — Les droits des belligérants sont égaux d'après le *Jus voluntarium* en ce qui concerne les faits internationaux de la guerre (livre III, chap. XII, §§ 190, 191).

Le commerce des neutres est libre avec les belligérants (livre III, chap. VII, § 104).

Mais il dit dans son § 111 : que ce commerce ne doit en rien favoriser une partie des belligérants envers une autre et pour cela il dit au § 112 : que la contrebande ne peut être envoyée à aucune partie des ennemis. La contrebande consiste en : ustensiles pour faire la guerre, bois et tout ce qui est nécessaire à la construction et aux armements des vaisseaux, chevaux, provisions et épiceries. Il continue § 113 en disant : qu'il est légal de confisquer la contrebande trouvée chez les neutres, et il dit § 114 : que la visite des vaisseaux neutres est nécessaire pour rechercher

la contrebande et des TRAITÉS DOIVENT RÉGLER la
manière dont la visite doit être exécutée. Généralement les papiers du vaisseau doivent être regardés
comme de bonne foi s'ils ne sont pas suspects de falsification. Le vaisseau neutre qui se refuse à la visite
doit être confisqué.

Au § 115 Vattel soutient simplement que les biens
ennemis dans un vaisseau neutre sont passibles de
confiscation, mais sous la condition de paiement des
frais du transport. — Au § 116 il soutient la doctrine
déjà critiquée dans un autre endroit, qu'il faut restituer à son propriétaire les biens neutres trouvés à
bord d'un navire ennemi. Mais personne n'est responsable des dommages causés à ces biens. — Quant à
ce qui concerne le blocus, il dit au § 117 : que le
belligérant a le droit parfait d'interdire toute communication avec les places bloquées.

WOLFF.

Le baron Wolff s'est distingué par ses neuf volumes sur le: *Jus gentium methodo scientifica pertractatum*, 1749. Mais son ouvrage ne s'occupe pas beaucoup du droit maritime international. — Nous n'avons à citer que quelques paragraphes qui concernent la marine. A l'égard de la navigation et de la pêche il soutient, § 120. Usus maris vasti consistit in navigando et piscando, juxta littora in occupando in littore inventa. § 121. Mare vastum res usus inexhausti est. Nulli genti vastum mare, etsi fieri possit dominio suo subjicere, licet ; nec salvo jure naturali, dominium ejus adquirere valet. — Nec gens ulla, magnam quamdam Oceani vel maris vasti partem dominio suo subjicere licet. § 122. Nemo prohibendi jus habet, quo minus alter in mare vasto *naviget* et *piscetur*.

§ 123. Si qua gens arcere velit aliam ab usu navigandi et piscandi in vasto mari injuriam ei facit.

§ 127. Maris autem quædam partes juxta littora perinde ac terræ occupari possunt. Etsi qua gens

partem quamdam maris occupat cum dominio imperium in iis simul occupat.

§ 130. Partes maris occupatæ ad territorium illius
gentis pertinent, quæ eas occupavit.

Nous pouvons dire que ces maximes concernant la
navigation et la pêche sont neuves et que jusqu'ici
aucun auteur ne les avait si clairement expli-
quées.

La mer est libre pour tout le monde ; les rades
sont sous la juridiction des pays auxquels elles appartiennent. Cette liberté est applicable à la navigation et au commerce maritime comme à la pêche. —
Ceux qui agissent contrairement à cette règle doivent
en être responsables.

C'est justement aussi ce principe que nous avons
adopté dans notre Code, puisqu'il répond à la civilisation et à l'équité. Le baron Wolff dit ensuite à l'égard
du commerce :

§ 201. Gens nulla prohibere potest ne qua alia,
commerciorum causa ad gentes remotas, per mare
vastum naviget.

§ 202. Gens una cum altera pacisci potest ne cum
certa gente commercium exerceat aut commerciorum
causa ad certa loca naviget, vel etiam ut com-

mercia sua in gratiam alterius, quomodocunque restringat.

§ 357. Si pars maris saltem quoad imperium occupatum usus gentium communis manet.

Quant à la neutralité il dit :

§ 672. In bello medii dicuntur qui neutri belligerentium parti adhærent, consequenter bello se non immiscent.

§ 683. Qui neutrarum partium sunt, ea præstare utrique belligerentium parti debent quæ jure gentium debentur extra bellum nisi expresse de quibusdam aliter conventum quæ respectum ad bellum habere possunt. § 833. Hostes et res hostiles in *territorio pacati* capere non licet.

§ 835. Quando bellum publicatur concedendus est peregrinis, qui cives hostis sunt sive ejus gentis cui bellum indicatur intra certum tempus, tutus abitus.

Concernant l'hostilité, la res hostium et les corsaires, Wolff soutient :

§ 839. Res hostiles mobiles in territorio suo, intra debiti ac pœnæ modum, confiscari possunt, ab eo qui bellum justum gerit.

§ 840. Qui justum bellum gerit debitoribus quoque

hostium civibus suis prohibere potest ne creditoribus solvant debituri, immo ut veniente die solutionis, solvant sibi imperare. — § 859. Rerum mobilium captarum in bello dominium adquiritur a summa potestate.

§ 860. Res hostiles mobiles non ante in dominio potestatis summæ sunt, quam ubi ita detinentur, ut eadem pro lubitu de iisdem disponere possit.

§ 861. Res in bello captæ ab iis quorum ante fuerant adversus nullum possessorem vindicari possunt.

§ 888. Jure gentium voluntario occupatio bellica est modus adquirendi dominium et imperium belligerentium communis.

§ 902. Quæ ab hoste vi bellica recuperantur postliminium habent.

§ 909. Subditus belligerentis sine mandato aut concessione summæ potestatis vim bellicam hostibus aut rebus hostilibus inferre non potest.

§ 910. Nec privata auctoritate naves in hostes armare licet.

Mais Wolff n'établit pas des règles étendues pour les belligérants et les neutres, règles qui, comme nous l'avons vu chez les autres auteurs de cette époque, paraissent avoir trouvé leur exécution au centre de l'Europe. — C'est ainsi qu'il établit seulement une distinction entre la *res mobilis* et la *res immobilis*, les débiteurs, les droits réciproques des individus et biens des belligérants et des neutres, la liberté sur la haute mer, du commerce et de la navigation.

Si ces doctrines de Wolff et de Vattel étaient acceptables au dernier siècle, elles ne nous suffisent plus maintenant où nous n'hésitons même pas à nous rendre maître et à nous mettre en possession des biens ennemis qui sont sous la protection neutre ou qui servent au commerce des neutres (excepté la contrebande) et des nations belligérantes.

DÉCRETS ET JUGEMENTS RENDUS PENDANT CETTE ÉPOQUE.

FRANCE.

Les ordonnances de 1704 et 1744 concernant la marine française soutenaient les principes du décret célèbre de 1681. — Pourtant le règlement de 1744 contient la stipulation : que les biens ennemis sur un navire neutre sont passibles de confiscation, mais que le navire neutre avec le reste de sa cargaison neutre couvre sa liberté.

Valin, dans son Traité des prises, tom. I, p. 63, nous informe : que la base de ce décret de 1744 fut acceptée pour un moment contre celle du décret de 1681, pour la rendre conforme aux traités conclus avec des puissances amies et neutres.

Les ordonnances de 1543, 1584 et 1681, soumettent à la confiscation non-seulement la contrebande, mais aussi les biens neutres qui se trouvent avec la contrebande.

Mais le décret de 1744 veut : qu'on confisque les biens prohibés, mais que les vaisseaux avec la cargaison neutre soient libres. Il y est dit : que la provision soit confisquée si elle est destinée à des places prises ou bloquées.

La contrebande n'est passible de confiscation que quand elle est destinée au service de l'ennemi. — Exception faite de cette contrebande, la puissance amie ou neutre peut continuer le commerce avec le belligérant et faire échanger ses marchandises contre celles de l'ennemi, pourvu que ce soit fait conformément aux règlements de 1704 et 1744. — De même des navires neutres partis d'un port neutre et chargés de marchandises ou d'objets manufacturés d'un pays neutre pour les transporter dans un pays ennemi ne sont pas passibles de confiscation s'ils n'ont pas de contrebande ou une cargaison appartenant à l'ennemi. — Des navires neutres partant d'un port quelconque, même de celui de l'ennemi, mais chargés (par un ami ou neutre) même dans les ports ennemis, ne sont pas passibles de confiscation s'ils retournent directement dans leur pays. —

Les vaisseaux neutres partant d'un port neutre pour un port neutre ne peuvent pas être confisqués s'ils ne sont pas chargés des biens de l'ennemi, et dans ce cas les marchandises seulement et non pas le vaisseau neutre sont passibles de confiscation. Si les vaisseaux neutres partent d'un port neutre ou ami de la France, dans lesquels se trouvent des biens ennemis ou de la contrebande, les marchandises seulement sont passibles de confiscation ; — mais le vaisseau est libre quand même il est destiné à un port ennemi.

Les règlements de 1704 et 1744 contiennent aussi plusieurs points qui règlent la qualité des sujets neutres et des capitaines des vaisseaux, et disent que des documents seront admissibles pour la preuve de la neutralité des biens.

D'après Valin, chap. V, sect. VIII, §§ 1, 2, dans son Traité des prises, la France avait continué l'exécution sévère de la visite et des recherches sur les vaisseaux.

ESPAGNE.

Quant à l'Espagne, l'ouvrage de M. d'Abreu, intitulé : *Trado sabre las maritimas presas*, Cadix 1746,
et dont une traduction en français a été publiée à Paris
en 1802 , nous donne des renseignements exacts sur
ce qui a été suivi à cet égard. — Le premier chapitre
traite de la prise légale ; le second des documents qui
sont nécessaires à bord d'un vaisseau pour se garantir contre les attaques des croiseurs, etc. ; — le troisième chapitre désigne les ports dans lesquels le croiseur doit amener sa prise , et combien de temps il
doit la posséder pour en être propriétaire. — Ici ,
d'Abreu cite la différence qui existe entre les auteurs
concernant la sûreté de la prise, et il dit : que l'application de l'*intra præsidia* ne peut pas être interpré-
tée littéralement , et qu'il faut qu'on transporte la
prise des biens ennemis dans un vaisseau croiseur,
et que ce vaisseau atteigne un port (s'il était certain
que la prise ne pouvait pas être autrement mise en
sûreté) pour être la propriété du croiseur.

Le chapitre IV dément le droit de pouvoir attaquer

les navires ennemis dans un port neutre, et le V⁰ chapitre soutient la même maxime à l'égard des havres et côtes neutres dans une portée de canon.

Le chapitre VI statue qu'il dépend de la qualité de la prise devenue ou non la propriété du croiseur avant l'entrée dans le port, pour qu'elle soit restituée à son propriétaire, si elle a été apportée dans un port ami.

Dans le chapitre VII, il dit : qu'il est légal de confisquer les vaisseaux qui n'obéissent pas à la semonce, et résistent à la visite.

Le chapitre VIII traite de la prise des biens neutres dans les vaisseaux ennemis, et il trouve : que la loi d'Espagne et de France n'est pas juste sur ce point, en confirmant la confiscation des biens neutres dans les vaisseaux ennemis.

L'intreprétation que d'Abreu donne concernant les biens ennemis sur un vaisseau ami dans le chapitre IX est très-curieuse, et il y dit : que les biens enemmis sont passibles de confiscation par cette raison : le vice (fraude) réel et inhérent, leur est cohérent indépendamment du lieu et du vaisseau qui contient lesdits biens, et que ce vice (fraude), est constaté par la loi : que quiconque possède une

chose volée n'en est pas le propriétaire légitime. —
Mais nous demandons avec droit où on trouve la qualité d'une chose volée dans les biens ennemis? — On
n'avait pas une idée positive que les belligérants ont
un droit parfait de s'ôter réciproquement le pouvoir
matériel pour empêcher la continuation de la guerre,
et par là s'explique cette interprétation d'Abreu;
car les guerres du XVIII° et du XIX° siècle que l'Angleterre soutenait contre la France, l'Espagne, etc.,
étaient la preuve qu'on n'avait rien épargné pour
provoquer les guerres et non pas pour les éviter, et
que la moindre ambition matérielle d'un souverain
sur un autre, si elle n'avait pas été satisfaite, —
faisait éclater la guerre entre les nations, et sacrifier
ainsi l'humanité, la justice et les richesses de la nation.

Cette fausse idée d'Abreu en entraîne une autre
qui fit exempter de la confiscation des biens ennemis, et il dit au § 6, chapitre IX, qu'il faut faire
deux exceptions:

1° Les marchandises qui appartiennent à l'ennemi
et qui sont hypothéquées en faveur du capitaine du
navire qui les porte, puisqu'on ne peut point vérifier
qu'elles appartiennent à l'ennemi;

2° Les biens (marchandises) ennemis chargés sur des vaisseaux hollandais et français qui, selon des traités avec l'Espagne, ne sont pas saisissables. (Voir le traité des Pyrénées et de La Haye, 1650.)

Pourtant d'Abreu soutient, au § 14 du même chapitre : que les navires neutres ne sont point soumis à la confiscation s'ils transportent des biens ennemis.

Le chapitre X traite de la contrebande et de la qualité du navire qui la transporte, et d'Abreu y veut non-seulement la confiscation de la contrebande, comprenant munitions et armes, mais aussi celle du navire qui la transporte ; il la soutient par une assez mauvaise raison : de sorte que le droit de confiscation du navire neutre ne peut être justifié comme l'est celui de la contrebande. Vivres forment la contrebande, dans le cas seulement où ils sont transportés à un port bloqué.

Du reste, c'est la faute d'Abreu, que ses raisons ne justifient point clairement les maximes qu'il expose. — Il justifie plutôt la loi telle qu'elle existait alors en Espagne. — Il ne voit pas la situation de la guerre et les droits qui ressortent d'une manière aussi claire que nous la voyons aujourd'hui.

Notre époque ne reconnaît plus les armements en

course comme corsaires. C'est l'affaire du gouvernement d'avoir ses gens pour défendre le pays, sans avoir
recours à la force particulière des citoyens. — Aujour-
d'hui la personne devient propriétaire légale d'une
chose dès lors qu'elle s'en trouve en possession légale.
Ainsi donc, dès lors que le croiseur se trouve en possession d'un bien ennemi (ou plutôt d'un bien trouvé
chez l'ennemi et supposé la propriété ennemie), alors
ces biens deviennent sa propriété, c'est-à-dire la propriété du gouvernement qui a armé le croiseur. —
C'est par cette raison que le temps, le lieu, et les
parts concernant la propriété, ne peuvent pas être
pris en considération à l'égard de la prise.

Nous avons tiré cette conséquence dans notre
Code raisonné du droit maritime international et
dit : « Que la prise et la reprise deviennent ainsi la
propriété de ceux ou plutôt de la nation qui les a
faites : et que les alliés entre eux qui partagent les
bénéfices et les pertes dans la guerre, doivent se restituer réciproquement les biens qui leur appartiennent, qui constituent la reprise faite sur l'ennemi,
— et qu'enfin le belligérant ne doit aucune restitution des biens pris sur l'ennemi qui étaient autrefois
la propriété du neutre et par la raison : que le bel-

ligérant son adversaire qui, ayant eu déjà confisqué
lesdits biens neutres devait avoir eu une raison pour
avoir agi ainsi, et que s'il n'avait pas eu agi légalement, ce serait lui qui devrait en être responsable au
neutre. Dès lors donc que cette confiscation du neutre
est faite, elle est constituée en la propriété du belligérant et sur lequel la prise de cette propriété est dans
ce cas effectuée en second lieu. — De plus, si la confiscation n'a pas été justifiée ou si seulement l'embargo a été illégalement mis sur ces biens, et qu'ils
aient été pris sur l'ennemi avant que la confiscation
ait été prononcée, le belligérant est responsable
vis-à-vis du neutre, de cette saisie illégale, et lui en
doit des dommages et intérêts. — Mais tout ce qui
est entre les mains du belligérant, et se trouve en
son pouvoir, constitue la « res hostium, » et doit
être considéré ainsi en temps de guerre comme titre
légal de propriété. Par cette raison les belligérants
ne sont point tenus à la restitution des biens neutres
pris sur un autre belligérant qui les avait illégalement saisis.

C'est donc ainsi que nous comprenons aujourd'hui
la prise et la reprise, qui devient la propriété de la
nation, sans qu'aucune récompense soit accordée à des

particuliers, et sans que le temps ni le lieu fixent leur validité comme cela avait eu lieu jusqu'ici. — Mais pour revenir à d'Abreu, et au second livre de son ouvrage, nous remarquons qu'il traite au premier chapitre de la qualité de corsaire, qui, comme nous l'avons dit ci-dessus, comme simple particulier, était autrefois autorisé à poursuivre les vaisseaux ennemis; mais ces corsaires n'existent plus dans les lois des nations, et en conséquence ne peuvent plus nous intéresser aujourd'hui. — Il en est de même jusqu'au chapitre X, dans lequel il admet : l'envoi de trois hommes seulement à bord du vaisseau pour y exécuter la visite; mais il dit : que cette mesure est justifiée par des traités particuliers conclus entre l'Espagne et d'autres puissances. — Le reste, jusqu'au chapitre XVI, contient entre autres : que la légalité des prises et reprises existe pendant tout le temps que le croiseur n'a pas connaissance de la conclusion de la paix, — et que la capture doit être prouvée pour qu'il en ait sa part. Enfin, que la procédure, en cas de prise, doit être sommaire, et qu'il faut ainsi accorder au neutre le temps nécessaire pour pouvoir produire les documents qui prouvent sa qualité de neutre.

Comme le droit public en général a fait des progrès immenses depuis que la France avait réglé sa constitution publique à la fin du dernier siècle qui nous a donné des idées plus précises sur l'ensemble du corps social, il doit nous paraître bien naturel que d'Abreu, vivant avant cette époque, n'entre point dans la discussion sur la compétence de l'autorité judiciaire en matière maritime internationale qui forme pourtant une partie importante du droit maritime international.

LA GRANDE-BRETAGNE.

L'Angleterre avait jusqu'à la guerre de 1756 pratiqué les mêmes règlements qu'elle avait exécutés dans la guerre contre la France en 1689 ; de plus , elle suivit les maximes de Grotius , Loccenius , et celles de Heineccius, Casaregi, Bynkershoek et Vattel.

Ces maximes renferment les bases suivantes du droit maritime international exposées dans une dépêche du gouvernement anglais au roi de Prusse, qui a été écrite par sir George Lee :

1° Si deux puissances sont en guerre, elles peuvent saisir et s'approprier les biens qui appartiennent à l'adversaire ennemi, mais les biens d'un ami doivent être respectés, pourvu qu'ils soient neutres.

2° Les biens ennemis sur un vaisseau neutre peuvent être saisis.

3° Les biens amis sur un vaisseau ennemi doivent être restitués. La contrebande allant à l'ennemi est sujette à confiscation.

4° Avant que le croiseur puisse disposer de la prise,

il faut que la juridiction du pays et les traités en autorisent la confiscation.

5° La juridiction du pays du croiseur est compétente pour la condamnation.

6° Avant que la prise ait été jugée, et au moment où le croiseur apporte la prise dans un port, c'est aux autorités maritimes dudit port d'examiner la prise et de la relâcher si elle a été illégalement saisie, ou bien de le faire passer à un examen ou condamnation par le tribunal.

7° Toutes les prétentions sur les navires et cargaisons doivent être entendues sur le serment des parties y intéressées.

8° Pour ce qui concerne la qualité des navires, marchandises et autres biens sur lesdits navires, il faut que les documents attestent positivement ladite qualité; c'est une loi des nations.

9° Si les papiers sont faux ou détruits, alors la confiscation des biens et du navire est valable, et dans le cas de restitution il n'y a pas lieu à des dommages et intérêts. — La saisie illégale a pour suite le paiement des dommages et intérêts au parti lésé, effectué par le croiseur qui a exécuté la saisie; et pour répondre à cela, il faut que le croiseur donne une garantie suffisante ; comme il est marqué dans le traité de l'Angleterre avec la Hollande du 17 février 1668, et du 1er décembre 1647, et avec la France du 24 février 1667, dans le traité entre la Hollande et la France de 1697, et celui entre la France et la Grande-Bretagne de 1713.

10° S'il n'est pas suffisamment démontré que les biens appartiennent à un neutre, alors il faut supposer que ce sont des biens ennemis, et si le croiseur les saisit, alors il n'en est plus responsable, et dans le cas de restitution il ne doit au neutre ni dommages et intérêts ni autres frais.

11° Si le jugement de la cour est supposé faux ou erroné, il faut avoir recours à l'appel et au tribunal supérieur.

12° S'il n'y a pas d'appel annoncé et interjeté, alors le jugement est définitif, comme il est indiqué au traité avec la Hollande du 17 février 1668, du 1er décembre 1674, du 29 avril 1689, et avec l'Epagne du 23 mai 1667, etc.

13° Tous les vaisseaux doivent être arrêtés sur la mer pendant la guerre pour les examiner et pour savoir s'ils ne transportent pas de la contrebande. Mais des traités particuliers restreignent les recherches sur

des vaisseaux, et alors il faut ajouter foi aux passeports et aux autres évidences.

14° Les traités ont fixé : que les biens neutres sur
un navire ennemi doivent être confisqués ; mais que
les biens ennemis sur le navire neutre doivent être
libres. — Voir le traité conclu entre l'Angleterre et
la Hollande du 1ᵉʳ décembre 1674, et le traité
d'Utrecht avec la France. La contrebande est considérée comme biens ennemis. C'était la réponse que
Montesquieu appela une réponse sans réplique.

Cette réponse fut faite au roi de Prusse parce
qu'en réclamant des dommages et intérêts comme
restitution des biens appartenant à des Prussiens
et saisis par le gouvernement anglais pendant la
guerre, il retenait dans son royaume et en échange de
cette saisie des biens appartenant à des Anglais. —
Mais ces bases donnent en même temps une idée
claire de ce que l'Angleterre a suivi à cette époque en
matière de droit maritime international, et qui avec
quelques exceptions, que nous connaîtrons plus tard
au IX° chapitre, formèrent jusqu'en 1856, — la loi
anglaise.

Le progrès général enfin de la loi maritime internationale de cette époque avait enrichi le Code des

nations d'une nouvelle maxime que la Russie et la Suède, comme puissances neutres, avaient adoptée par le traité de 1767, qui leur défend l'armement en course comme neutres.

Une ordonnance du commandant russe, datée de 1770, invita toutes les autres puissances même neutres à faire arrêter tous les vaisseaux russes, etc., qui se donneraient la qualité de corsaires, puisque la Russie était neutre dans cette guerre, et n'avait pas le droit d'armer des corsaires. — Nous verrons plus tard que la Russie ne mettait pas de bonne foi dans cette déclaration, car elle adopta quelques années après et dans les guerres de Napoléon le Grand la neutralité armée. Cela n'empêcha pas non plus les États-Unis de réclamer comme neutres, en 1854, le droit de faire armer des corsaires, et il fallut même beaucoup d'efforts pour les convaincre de leur tort dans cette prétention.

CHAPITRE VI.

DE LA LOI MARITIME INTERNATIONALE PENDANT LES
GUERRES, DEPUIS 1750 JUSQU'A 1791 ET LA RÉPU-
BLIQUE FRANÇAISE.

—

Les guerres n'étaient pas encore abolies, ce qui
permettait de faire par la pratique un pas de plus
dans le progrès de la loi maritime internationale. —
En effet, beaucoup d'auteurs écrivaient à cette époque
sur la loi maritime internationale, et en citant les
idées principales de leurs maximes, nous y trouvons
toujours une lutte continuelle pour arriver à l'unité
et à un commun accord d'une base juridique. Mais
ce but n'était pas atteint, puisque les auteurs s'étaient
tenus trop au droit coutumier, et n'avaient pas assez
considéré la loi naturelle et l'équité, ce qui a été la
faute de tous les écrivains jusqu'à nos jours. — Le
despotisme monarchique et la république rouge sont
deux extrémités qui se comprennent et se donnent

la main. Les vils serviteurs de Louis XVI qui ne considéraient que leurs priviléges, faisaient tomber la monarchie en France, malgré les efforts réconciliants de l'assemblé qui donna la constitution de 1789. — Dépassons ici les tristes scènes des gens politiques, qui n'avaient confiance que dans la force brutale et voulaient venger le genre humain et les souffrances de leurs ancêtres, par tout ce que Dieu avait interdit par la loi naturelle. — Mais le génie des Girondins protégea la France et lui envoya un Napoléon, qui dirigea la destinée de la civilisation européenne par la loi, l'équité et la justice. — Nous verrons comment la loi maritime internationale fut pratiquée à cette époque.

RUTHERFORTH.

Rutherforth, professeur de droit public à l'université de Cambridge, publia un ouvrage « Institutes of natural law 1756. »

Dans le second volume de son ouvrage, il expose les maximes suivantes du droit maritime international. — Il dit au § 19 : « The neutrality of a state « abridges its liberty of trading with either of the « contending nations, but does not wholly destroy « this liberty, etc., etc. »

Après avoir donné ce principe pour le commerce des neutres, il continue en disant :

« Le neutre peut faire le commerce avec toutes les « nations puisqu'il est en paix, à l'exception des « marchandises qui servent à la guerre et qui sont « appelées contrebande.

« Non-seulement les navires mais aussi les maté- « riaux dont ils sont construits et armés, comme ar- « mes, munitions, forment la contrebande. — Pour- « tant la munition ne peut être considérée comme de

« la contrebande si elle n'est pas dirigée sur une
« place assiégée ou bloquée.

« Les traités avec les neutres doivent indiquer plus
« spécialement ce qui appartient à la contrebande,
« autrement le neutre doit demander la permission de
« pouvoir transporter des articles contrebandiers.
« — Si pourtant le neutre soutient l'ennemi par la
« contrebande, il faut le punir par la confiscation
« desdits articles.

« On a le droit de prendre les biens de l'ennemi,
« pourvu qu'ils se trouvent sur le territoire de l'en-
« nemi ou sur celui de son allié. Mais nous n'a-
« vons pas le droit de les confisquer s'ils se trouvent
« sur le territoire neutre. — L'océan n'est pas un
« territoire neutre, et par conséquent on y peut sai-
« sir les vaisseaux et les marchandises ennemis.

« L'on peut considérer un navire neutre comme
« une place neutre, mais seulement pour les biens
« qui s'y trouvent. — Or le vaisseau est une chose
« mobile (meuble), et elle ne peut avoir la qualité de
« territoire (qui, sans doute, veut signifier un im-
« meuble), et ainsi, dès lors qu'il quitte le pays et sa
« juridiction et qu'il se trouve sur l'océan, *où per-
« sonne n'a de juridiction* (?), — la juridiction du

« pays à qui appartiennent le navire et les biens n'y
« trouve plus son application.

« En conséquence, les biens ennemis protégés dans
« un port neutre ne sont point protégés sur l'océan.

« Il en est de même des personnes.

« Il y a sur la mer une sorte de propriété et de juridiction privée (c'est contradictoire à sa maxime
mentionnée plus haut, à l'égard de la juridiction sur
la haute mer ou l'océan) — sur les choses et objets
qui s'y trouvent, et ainsi on y peut prendre des pois-
sons, animaux et oiseaux et les garder comme propriété. »

Mais Rutherforth ne dit pas que la haute mer est
le *Communio juris* de tous, et que c'est par cette
raison et par le droit à l'usufruit que les nations ont
un droit sur tout ce qu'elles trouvent dans la mer.

« Le neutre peut protéger les biens ennemis sur
son territoire, parce qu'il y est souverain et qu'il y
exerce une juridiction indépendante des ennemis.

« Les biens neutres à bord d'un navire ennemi ne
peuvent être légalement saisis, parce que, bien que le
neutre n'ait pas de juridiction sur l'océan et sur le
vaisseau ennemi, il est propriétaire des biens qui s'y
trouvent, et par cette raison et en sa qualité de neutre,

il ne peut pas être violé selon la loi des nations. »

« Les neutres comme les croiseurs n'ont pas de juridiction sur la mer, comme nous l'avons déjà mentionné plus haut; si donc le croiseur a amené une prise illégale dans un port, il faut que le croiseur s'arrange avec le propriétaire pour en obtenir la restitution, et que ce dernier fasse cet arrangement par l'intermédiaire de l'État du croiseur, c'est-à-dire par l'autorité judiciaire, et tous les deux doivent s'y soumettre.

« Mais la prise faite par force du croiseur et amenée dans le port de son pays ne constitue pour lui aucun droit de propriété, et il doit attendre la sentence de l'autorité judiciaire, qui lui donne ou qui ne lui donne pas une part, dans le droit de propriété sur lesdits biens.

« La loi civile n'est pas applicable pour juger les actions commises hors le pays et hors la juridiction nationale, comme sur l'océan, et par conséquent les nations peuvent conclure des traités à l'égard de ces actions et les juger d'après la contenance desdits traités. »

« Si l'État qui a rendu un jugement n'a pas procédé et jugé selon l'équité, la nation, partie adverse du croiseur, n'a pas besoin de s'y soumettre, et alors c'est son gouvernement qui doit prendre la défense contre l'illégalité dudit jugement étranger, et même employer des droits de représailles et déclarer la guerre, (1). » Les mots dont il se sert sont ceux-ci :

« If justice therefore is not done them they may apply to their own state for a remedy, which may consistently with the law of nations, give them a remedy, either by solemn war, or by reprisals. »

« Mais pour éviter une telle situation, il faut instituer une autorité judiciaire à laquelle on pourrait interjeter appel. »

Tels sont les principes de Rutherforth, qui se distinguent par leurs bases du droit naturel. Mais bien que nous devions accorder à cet auteur un mérite tout spécial au-dessus de tous les auteurs qui écrivaient à la même époque, il faut reconnaître que cette base du droit naturel n'est pas clairement et justement employée pour défendre les arguments dudit auteur, — surtout en ce qui concerne la juridiction sur la haute mer, où il est en contradiction avec

---

(1) C'est aussi notre avis, que la guerre n'est justifiée que dans le but de se rendre justice selon le *jus defension*, et la base de la civilisation. — Voir notre ouvrage : La Question de Neufchâtel et de Naples. Paris, 1856, 3e édition.

lui-même en ce qui concerne la pêche, la prise, etc., etc.

En examinant notre Code raisonné du droit maritime international, contenu dans le second volume du présent ouvrage, on y trouvera la différence entre ces arguments et ceux dont nous nous sommes servi pour refondre la loi maritime internationale sur l'équité du droit naturel.

HÜBNER.

Un ouvrage de cet auteur, dédié au comte de Bernstorff, et intitulé : *De la Saisie des bâtiments neutres,* publié à Copenhague en 1759, où il fut magistrat, — se distingue par le parti qu'il prend en faveur des neutres, et en conséquence par la guerre qu'il déclare à l'équité du *Consolato del mare.*

Cela se comprend par la raison que le Danemark et la Suède étaient des États neutres et favorisaient Louis XIV, qui alors était en guerre avec l'Angleterre et la Hollande.

Le principe politique du temps de barbarie, c'était qu'il faut soutenir les États les plus éloignés, contre le voisin, même s'ils ont tort, puisque le voisin est plus dangereux que ne l'est l'éloigné et qu'il faut par cette raison chercher à l'affaiblir. Cette maxime de l'ancienne politique des États a été suivie jusqu'à nos jours, et jusqu'à la guerre d'Orient, en 1854 (1).

(1) La diplomatie de notre temps fait de la politique par l'injustice et l'intrigue que protége le système russe. Il en résulte : l'emploi des mauvais et vils moyens, la discorde, la révolution et la guerre civile et in-

Pourtant les États de Suède et de Danemark n'étaient pas à ramener dans cette situation politique vers l'équité pour les faire déclarer contre la Russie, bien que par l'origine de leur politique ils auraient dû se déclarer contre elle et marcher avec le France comme ils l'avaient fait sous Louis XIV et Napoléon le Grand. — Mais revenons à notre auteur danois.

Valin, Emerigon et Pardessus disent : M. Hübner entreprend de prouver fort sérieusement « : que le pavillon neutre couvre toute la cargaison, quoiqu'elle appartient à l'ennemi ou qu'elle soit chargée pour son compte, de manière qu'il n'en excepte que les effets de contrebande. »

« Mais cet auteur est absolument décidé à favoriser les neutres et semble n'avoir écrit que pour plaider leur cause. Il pose d'abord des principes qu'il donne pour constants, puis il en tire des conséquences qui lui conviennent : cette méthode est fort commode.

ternationale que désire la Russie pour déchirer les nations. Espérons que la reine Victoria et l'empereur des Français à qui nous devons tant d'amélioration dans la racine du mal, y remédieront au nom de la civilisation et pour le repos de tous. Voir notre ouvrage, Code du droit et du devoir d'une puissance neutre, Paris 1854, où nous avons donné la base pour la politique qui soit digne de notre civilisation.

« M. Hübner parle du consulat d'une manière des plus défavorables.

« Cet auteur ayant trouvé dans le chapitre 274 des décisions contraires à son système a été de mauvaise humeur contre l'ouvrage entier ; mais s'il l'eût examiné avec quelque soin, il se serait convaincu : que les décisions que le consulat renferme sont fondées sur le droit des gens. — Voilà pourquoi elles réunirent les suffrages des nations ; elles ont fourni une ample matière aux rédacteurs de l'ordonnance française de 1681, etc., etc. »

Hübner est de l'école de Heineccius, et il défend naturellement ses théories. Valin a dit, en 1763 :

« Hübner est absolument décidé pour les neutres et semble n'avoir écrit que pour plaider leur cause. — On commencera par lui demander sur quoi il établit que les marchandises de l'ennemi sont exemptes de confiscation dans un bâtiment neutre. » (Voir son *Traité des Prises*, p. 63.) (1)

Il dit aux premiers chapitres du premier volume

(1) Si Valin, Emerigon et Pardessus vivaient aujourd'hui, ils seraient donc avec nous contre la déclaration que la diplomatie de la troisième paix de Paris de 1856 avait rendue à l'égard des neutres. (Voir la fin du Iᵉʳ et les IIᵉ, IIIᵉ, IVᵉ et Vᵉ chapitres du 2ᵉ volume du présent ouvrage.)

de son ouvrage, que les vaisseaux neutres peuvent être saisis sous les conditions suivantes :

I. S'ils assistent les ennemis ; II. Si un vaisseau de guerre ennemi est construit dans un port neutre ; III. Si une puissance neutre sert d'espion à un belligérant ; IV. Si un navire neutre transporte de la contrebande ; V. Si des vaisseaux neutres entrent dans un port bloqué et sont en communication avec lui, sans en avoir obtenu permission ; VI. Si des navires neutres transportent des troupes et des armes ; et VII. Si des navires n'ont pas les papiers en bon ordre pour prouver leur qualité neutre.

Ces sept conditions, en vérité, ne suffisent pas pour le qualifier, comme les autres l'ont dit, d'être partial en faveur des neutres ; mais dès lors que Hübner parle des droits des neutres, il devient extravagant.

Il dit qu'ils sont en leur droit de résister à tout ce qui peut changer leur état de paix comme il était avant la guerre, et il ne soutient pas avec nous que le neutre doit se soumettre aux conséquences de la guerre.

De là vient la thèse :

« Que le pavillon neutre couvre les biens ennemis et que selon la troisième partie du Ier volume, les navires neutres soient exempts de la visite et des recherches. »

Mais il y reconnaît l'hostilité cachée des neutres envers les belligérants par l'appui qu'ils accordent à un des partis belligérants.

Dans le premier chapitre du second volume, Hübner traite de la prise des vaisseaux neutres, et après avoir parlé de la juridiction il considère la prise sous trois points juridiques pour être valide : 1° Quand le vaisseau est amené dans un port *neutre* ou *ami*, ou 2° dans un *port* qui appartient au *même pays d'où le navire est sorti*, ou 3° dans *un port du croiseur*, ou encore dans un port de *l'ennemi du croiseur* ; et il expose un plan pour la formation d'une autorité judiciaire mixte, pour apprécier et juger les circonstances de la légalité dans lesquelles la prise a été faite. —Il veut d'abord que les prises soient jugées d'après les conventions et les traités existants et d'après les papiers du vaisseau. Il dit : qu'aucun vaisseau ne pourra être légalement confisqué s'il n'a pas rompu sa neutralité, c'est-à-dire s'il ne transporte pas de contrebande et s'il n'appuie pas l'ennemi dans ses opérations de guerre, etc. Mais il dit en conséquence, que les vaisseaux avec leur cargaison peuvent être

confisqués s'ils transportent de la contrebande, etc.,
comme il est dit ci-dessus.

La seconde partie du second volume de l'ouvrage
de Hübner prend en considération les conventions
conclues entre les nations et les applique comme
loi aux prises des navires neutres, — selon ses maximes dont nous venons de parler.

JENKINSON, PLUS TARD LORD LIVERPOOL.

Le commerce et la navigation sont-ils libres entre les belligérants et les neutres? Les colonies des belligérants sont-elles sous la même juridiction où se trouve la mère-patrie?

Déjà le baron de Cocceii avait dit dans son ouvrage que nous avons consulté plus haut : « Orto inter duos populos bello, non excludi jure gentium pacatos a libero cum hostibus commercio. »

Mais plusieurs auteurs qui ont écrit après Cocceii étaient de l'avis contraire, ainsi que le docteur Wheaton, auteur américain moderne.

M. Arnould dit dans son ouvrage : « Histoire des relations commerciales », que non-seulement le commerce colonial avec la France était protégé dans la guerre de 1756 par des priviléges des neutres; mais aussi que l'Angleterre suivit la même maxime avant ladite guerre.

La France étant pendant les années de 1756-1763 en guerre avec l'Angleterre, avait alors perdu sa pré-

pondérance maritime sur son adversaire et se trouva
dans un grand embarras pour l'expédition des produits de ses colonies américaines. Dans cette situation, la France ordonna le commerce colonial maritime libre pour les neutres. Mais l'Angleterre fit confisquer toutes les marchandises et tous les vaisseaux
neutres qui expédièrent les produits coloniaux des
colonies françaises. — L'Angleterre, accusée alors
de la destruction de la navigation et du commerce
des neutres, se fit défendre par Jenkinson qui en récompense de cette défense reçut le titre de lord Liverpool. Sa défense est très-simple dans son ouvrage :
« Discourse on the conduct of the governement of
Great Brittain in respect of neutral nation, London
1757. »—Il se tient à la maxime : « que chacun peut
« faire ce qui lui convient, mais sans que les autres en
« soient endommagés. Le commerce avec les produits
« coloniaux français, endommagea les intérêts de
« l'Angleterre comme ennemie de la France, et pour
« cette raison, la confiscation des vaisseaux neutres
« et des marchandises coloniales françaises qui s'y
« trouvèrent fut une juste action. »

Il est vrai que la confiscation des vaisseaux neutres qui transportaient des biens ennemis n'était pas

légale, selon la loi antérieure. Mais on ne peut pas dire qu'elle était injuste en consultant notre opinion là-dessus dans le second volume.

Dans notre ouvrage : Code du droit et du devoir d'une puissance neutre, Paris 1854, nous avons dit aux §§1 et 28 que le pays neutre ou belligérant comprend le territoire sur lequel il exécute une souveraineté, c'est-à-dire du moins le pouvoir exécutif. — La France ayant exercé le pouvoir exécutif et législatif sur ses colonies américaines, celles-ci devaient naturellement être considérées comme étant du territoire français, et traitées comme ennemies et non pas comme neutres envers l'Angleterre.

Mais lord Liverpool ne fait pas mention dans sa défense, de cette distinction juridique entre la mère-patrie et les colonies, bien que les colonies qui se trouvent seulement sous la protection d'un autre pays, puissent être pleinement indépendantes de leur pays protecteur, et ne point tomber sous la loi qui lui est applicable.

MARRIOTT.

De l'autre côté, le docteur Marriott avait publié en 1759 une brochure : *The case of the Dutch schips*, dans laquelle il démontre : que la Hollande n'avait aucun droit de couvrir les biens de la France, ennemie alors de l'Angleterre dans cette guerre de 1756-1763 ; — et que les vaisseaux hollandais neutres, en ce cas, devaient être confisqués avec les biens ennemis. Les arguments de la défense sont les mêmes dont s'est servi lord Liverpool en justifiant la conduite du gouvernement anglais.

L'ABBÉ DE MABLY.

Dans l'ouvrage de l'abbé, intitulé *Le droit public de l'Europe, fondé sur des Traités,* nous trouvons au chap. XI, vol. II, et chap. XVI, vol. III, quelques indications sur le droit maritime international, et dont nous voulons faire mention, bien que ces indications ne soient que l'écho des traités conclus jusqu'à l'époque de 1740.

Voici son analyse : « Les navires marchands, obligés par la tempête ou par quelques autres accidents, de relâcher dans un port, ne paient les droits que pour les marchandises qu'ils mettent à terre, et ils sont libres de ne charger que celles qu'ils jugent à propos.

« A l'égard des vaisseaux de guerre, il est d'usage de régler le nombre de ceux qui peuvent entrer dans un port, et ce nombre est ordinairement de six vaisseaux.

« On ne peut arrêter les marchands, les maîtres des vaisseaux, les pilotes, les matelots, ni saisir leurs vaisseaux et leurs marchandises en vertu de quelque mandement général ou particulier, pour quelque chose que ce soit de guerre ou autrement, ni même sous prétexte de s'en servir pour la défense du pays. — On excepte cependant les saisies et arrêts de justice faits par les voies ordinaires pour dettes, obligations et contrats légitimes.

« En cas de guerre, il est permis aux nations neutres de commercer avec les puissances belligérantes, pourvu qu'on ne leur porte point des marchandises de contrebande, et sous ce nom on comprend tout ce qui sert à l'usage de la guerre, soit offensive, soit défensive, mais non pas les choses nécessaires à la sustentation de la vie. »

En général, tout commerce, quel qu'il puisse être, est défendu avec une place qui est assiégée ou bloquée.

Mais cela rendrait imaginaire la liberté du commerce des neutres avec les belligérants, qu'il veut permettre selon les traités.

L'abbé soutient aussi que tout vaisseau doit avoir des lettres et certificats qui fassent connaître son nom et son port, le nom de son maître ou de son capitaine, le genre de sa charge, le pays d'où il est parti et celui pour lequel il est destiné, afin qu'on puisse juger s'il ne porte point des marchandises confiscables pour prévenir les fraudes des prête-nom.

Dans le cas de visite, il faut donner la semonce et envoyer par une chaloupe des hommes pour visiter le vaisseau, y confisquer des biens prohibés (contrebande), sans toucher au reste de la cargaison, à moins que le capitaine du vaisseau n'ait jeté ses papiers à la mer, ou qu'il ait refusé d'amener ses voiles.

Mais il ne faut rien saisir avant d'avoir fait faire l'inventaire par des juges de l'amirauté, à moins que le capitaine ne consente à livrer les objets de contrebande pour continuer sa route.

La saisie des biens neutres sur des vaisseaux ennemis est permise, à moins qu'ils n'y fussent chargés avant la déclaration de la guerre, et dans ce cas, il faut les payer ou les relâcher, sous la condition que le capitaine se chargera de produire plus tard un certificat qu'il ne les a pas débarqués dans un pays ennemi.

Les commerçants sont protégés dans les pays étrangers; on leur accorde la liberté de conscience; ils peuvent se servir de tels avocats comme bon leur semble, et tenir leurs livres dans telle langue qu'ils jugent à propos ; et en cas de reproduction des livres, le juge ne peut en prendre connaissance que pour le cas porté devant la cour de justice.

LES PRINCES SONT OBLIGÉS DE PROTÉGER LEURS SUJETS ET DE PRENDRE DES REPRÉSAILLES EN CAS DE DÉNI DE JUSTICE ÉTRANGÈRE.

Les vaisseaux échoués et les biens qui s'y trouvaient doivent être restitués à leurs propriétaires, s'ils paient les frais qu'ils ont causés, et s'ils les ont réclamés dans un délai d'une année et un jour. L'entrée des pirates dans un port quelconque doit être défendue, et les croiseurs privés doivent fournir une caution avant de quitter le port.

C'est ordinairement six mois qu'on accorde aux neutres pour arranger leurs affaires, pour les retirer d'un pays ennemi. Du reste nous avons déjà eu occasion de reconnaître plus haut, et dans les ordonnances françaises et autres traités, la base posée par l'abbé Mably.

LA NEUTRALITÉ ARMÉE DE LA RUSSIE, DU DANE-
MARK ET DE LA SUÈDE. LA NEUTRALITÉ AR-
MÉE ABANDONNÉE EN PRINCIPE PAR LA PAIX
DE 1783.

De tous les écrivains qui jusqu'ici avaient écrit sur
le droit maritime international, — Vattel et Wolff
étaient plus considérés comme autorité juridique du
XVIII° siècle qu'aucun autre auteur. — Nous connaîtrons par la suite la doctrine qui a été exercée et pratiquée jusqu'à la fin du XVIII° siècle et au temps de la
Terreur.

La guerre de l'indépendance d'Amérique détermina la France à faire accompagner par ses vaisseaux
de guerre les vaisseaux marchands français, pour les
protéger contre les croiseurs anglais, — à quoi elle
avait un droit bien fondé comme puissance belligérante qui soutenait l'Amérique contre les Anglais.

Nous avons eu occasion de remarquer que l'abolition de l'institution des corsaires, tant pour les neutres que pour les belligérants, et en conséquence

l'abolition des lettres de marque, ont été reconnues par plusieurs traités internationaux depuis 1675. Mais cela n'empêcha pas la neutralité armée de 1780. — La France adhéra plus tard au principe, si la réciprocité lui garantissait les mêmes avantages qu'elle faisait partager aux autres nations, en déclarant, en 1793 : « Que l'armement en course reste sans effet envers la ville de Hambourg et les autres villes anséatiques, » — qui de leur côté pratiquèrent la même maxime envers la France.

Mais en tout autre cas la France continua d'autoriser l'armement en course et délivra des lettres de marque.

La France avait suivi, pendant les XVIe et XVIIe siècles, dans la première partie du XVIIIe siècle, la règle que les biens ennemis sur un navire ami et les biens amis sur un vaisseau ennemi sont ensemble soumis à la confiscation.

C'était le règlement de 1744 qui changea cette qualité hostile envers les neutres. De plus la France accorda aux neutres, et pendant la guerre de 1756-1763, de faire le commerce avec les Indes, qui dans le temps de paix avait été interdit aux autres nations, et la même maxime fut employée par elle pendant le commencement de la guerre de l'indépendance d'Amérique de 1776, mais abandonnée plus tard.

Comme nous avons déjà eu l'occasion de dire plus haut : ce fut la plus grande puissance sur la mer qui détermina les autres gouvernements à exercer sur la mer une loi sévère, et que moins une nation y était forte, moins elle y voulait gouverner sévèrement pour être protégée sur la mer par des lois douces, surtout en cas de guerre.

La France avait adopté ainsi des lois moins dures, pour réparer les malheurs dont elle avait été frappée par les mauvais résultats des guerres maritimes contre l'Angleterre. L'Angleterre avait gagné trop de puissance sur la mer et au préjudice de la France ; il était donc bien naturel que la France dût alors chercher à obtenir une réparation pour limiter la puissance maritime anglaise, en propageant des lois plus douces pour régir la mer, plus répondant à sa force maritime tombée sous celle de l'Angleterre.

Il n'y a rien d'étonnant que la France prît cette route pour s'indemniser de ce qu'elle perdit sur la mer par les victoires des Anglais ; car nous avons pu apercevoir qu'à chaque époque de la civilisation des nations, la puissance secondaire s'était fait ainsi protéger contre la puissance de premier ordre par des lois qui favorisaient son commerce maritime, sa navigation et sa pêche. C'est là le nerf de la politique commerciale et maritime suivie par tous les gouvernements.

Le règlement français de 1778 porte donc la non-confiscation des vaisseaux neutres qui transportent de la contrebande si elle n'a pas une valeur des trois quarts de la cargaison, et il défend aux croiseurs d'interrompre la course desdits vaisseaux neutres, même s'ils viennent d'un port ennemi ou s'ils sont destinés pour un port ennemi, à l'exception de ceux qui transportent de la contrebande aux places bloquées.

Cette concession fut pourtant faite sous la condition qu'elle serait applicable à toutes les nations qui feraient la même concession à la France, pendant un délai de six mois depuis la publication dudit règlement. (Voir Emerigon, Traité des Assurances, chap. XII, tom. I, pages 450-451.)

Cette douceur envers les neutres encouragea la neutralité armée. L'impératrice russe Catherine voyant l'intention de la France, et bien que la Russie fût neutre, exécuta son projet et alla plus loin en le soutenant par les armes. — Elle rendit, contrairement à l'ordonnance antérieure, une déclaration en 1780, contenant la stipulation :

« Que les vaisseaux neutres pourraient naviguer librement sur les côtes des nations en guerre, que les objets qui appartiendraient auxdites nations seraient libres sous le pavillon neutre, et que les articles seuls, insérés dans les 10e et 11e articles du traité entre la Russie et la Grande-Bretagne de 1766, devaient être considérés comme contrebande ; — et enfin que les ports bloqués devraient être considérés comme suffisamment cernés par des vaisseaux ennemis. »

L'impératrice Catherine dictait cette loi au nom des neutres aux puissances alors en guerre, et cette loi fut six mois après soutenue par une déclaration du roi de France, qui protégea le plan russe, adressée à l'amiral, qui défendait de nouveau l'arrestation des navires neutres, s'il n'était pas positivement certain qu'ils appartinssent aux Anglais et qu'ils portassent à l'ennemi de la contrebande.

Après la Russie venait l'Espagne qui à peu près dans le même temps déclara qu'elle adhérait en prin-

cipe aux intentions et au plan de la Russie et qu'elle
en avait eu l'idée depuis longtemps.

Mais prenant en considération que l'Angleterre ne
respecte point le drapeau neutre comme l'indique la
déclaration russe, elle se voyait contrainte de se soumettre à la loi anglaise.

Mais la Suède et le Danemark ne furent pas du
même avis que l'Espagne et contractèrent formelle-
ment et positivement un engagement avec la Russie
pour faire savoir aux belligérants qu'elles avaient
accepté la même base de conduite pour la neutrali-
sation que celle que la Russie avait posée. En effet,
une pareille déclaration fut envoyée aux belligérants au mois de juillet 1780. Elle avait pour résultat une alliance entre les trois nations et forma ainsi
la célèbre ligue à laquelle les autres nations furent
invitées à souscrire.

Au mois de décembre de la même année, les provinces de la Hollande y adhérèrent et s'engagèrent
même à prendre une part active pour faire exécuter
l'objet de ladite alliance.

Deux ans après, la Prusse, l'Autriche et le Portugal
y adhérèrent, de sorte que les premières puissances
du continent étaient en alliance avec la Russie pour

faire exécuter la neutralité armée pour la défense des principes qu'elles avaient proclamés à cet égard.

Mais l'Angleterre recevait froidement toutes ces propositions, protestations et déclarations, et ne se désistait point des maximes qu'elle avait soutenues et répondait à la Russie et à ses alliés : « que les maximes et principes anglais, suivis jusqu'ici, à l'égard du droit maritime international anglais, seraient aussi suivis à l'avenir et que dans le cas où il y aurait une procédure illégale, la cour d'amirauté garantirait une satisfaction entière aux parties lésées. »

Pourtant l'état de choses resta ainsi jusqu'à la conclusion de la paix de 1783, et le traité de Washington obligea les puissances du Nord à abandonner les principes d'une neutralité armée.

Des auteurs, comme :

(a) Fatze,

(b) Pothier,

(c) Bouchaud,

(d) Galiani, écrivaient plus ou moins sous l'inspiration de l'agitation européenne de cette époque pour défendre et combattre les faux principes émanés de la confédération du Nord pour la neutralité armée, qui avaient menacé de renverser les principes du droit des gens, à l'égard du droit des neutres.

D'autres auteurs, comme :

(*a*) Hennings,

(*b*) Pestel,

(*c*) Lapredi, ne nous présentent rien de neuf dans leurs arguments et par cette raison nous croyons qu'il est superflu d'en parler à ces endroits. — Mais comme l'Angleterre qui alors était la plus forte puissance maritime n'avait pas voulu adhérer aux principes de la ligue du Nord pour ne pas la favoriser sur la mer comme neutre, — nous avons par là une autre preuve la plus certaine que c'était toujours la politique de la puissance la plus forte sur la mer, qui soutenait et voulait toujours propager des lois maritimes sévères pour dominer ainsi les faibles.

CHAPITRE VIII.

DE LA LOI MARITIME INTERNATIONALE DEPUIS LE COM-
MENCEMENT DE LA RÉPUBLIQUE FRANÇAISE ET LA
GUERRE DE 1793, JUSQU'A LA PAIX D'AMIENS, EN
1801.

—

Pour bien distinguer l'esprit de la loi de cette importante époque il faut que nous parlions d'abord des
auteurs qui ont écrit sur la loi maritime internationale. — Nous avons déjà observé page 147 comment
la première République s'établissait en France sous
la terreur des monarques. Contre l'oppression et l'injustice d'un ministère de la police, de la justice,
etc., etc., le peuple français prit la tête du roi, —
qui ne le savait pas gouverner. Les despotes européens, d'accord avec les français de la haute aristo-
cratie, marchèrent alors contre la France pour la
soumettre à leurs ordres. Les guerres de la République introduisaient alors quelque changement dans la
loi maritime internationale qui était suivie jusqu'ici.

MARTENS.

Comme professeur de droit, Martens enseignait de 1783 à 1808 à l'université de Gottingen et dans son ouvrage : *«Des armateurs, des prises, et des reprises, 1795, »* — il donne d'abord la qualité des armateurs, et il diffère des autres écrivains en ce qui touche la visite des vaisseaux neutres.

Nous remarquons au § 21 où il soutient encore la neutralité armée :

« Que les navires NAVIGUANT SEULS, peuvent être « visités, autrement l'armateur (croiseur) — n'est pas « autorisé à faire la visite. »

Mais il ne soutient plus la rançon de la prise et il la déclare illégale au § 23 et plus loin il traite au § 30 jusqu'au § 34 des frais et dommages à accorder en cas de prises illégales.

Dans le IIIe chapitre de son ouvrage, Martens soutient que la propriété des prises ne peut pas être transférée (vendue) pendant la durée de la guerre.

C'est la base principale qui diffère des autres écrivains, et quant au reste il pose des principes qui nous sont déjà connus par les autres auteurs, et les traités.

JORIO.

C'était en 1782 que le gouvernement Sicilien avait pris la défense pour la neutralité des nations comme l'impératrice Catherine l'entendait.

Bien que la paix de 1783 fît cesser l'application des principes posés par la Russie et ses alliés, Jorio continua à défendre lesdits principes de la ligue du Nord dans son ouvrage : « La *giurisprudenza del commercio*. » (Neapoli 1799.)

Il dit dans son premier volume, page 438, que le commerce est libre et rien ne fixe la qualité de la contrebande, de sorte que le commerce des différents articles de CONTREBANDE peut être permis ; pourtant il dit qu'il faut adopter une certaine base pour la distinction de la contrebande, et il arrive à la conclusion : « Que H. Grotius a le mieux distingué la qualité de contrebande. »

Il donne plus loin la loi conventionnelle de Naples, et les usages et coutumes de l'Europe à l'égard de la qualité de contrebande et décrit les articles dont elle est composée.

Dans le 26ᵉ article de son premier volume et second livre, il entreprend de défendre les doctrines de la neutralité armée de 1780.

On reconnaîtra facilement que depuis la paix de 1783 et la République française, l'autorité des auteurs n'était plus celle à l'égard du droit maritime international que celle qui avait autrefois influencé et réglé les actions des gouvernements. Les gouvernements s'étaient alors déjà formé des bases positives, soit fausses ou justes, pour la loi maritime internationale, et cette situation n'attira plus des jurisconsultes équitables pour imposer comme auteurs leurs idées à des gouvernements.

Nous verrons par la suite que les jurisconsultes s'étaient plutôt bornés à faire des revues historiques de la loi maritime internationale telle qu'elle fut alors pratiquée par les États.

Mais par cette raison, la marche du progrès du droit maritime international fut interrompue; c'est aussi le motif que jusqu'ici les nations ne sont pas encore arrivées à une unité universelle dans ce droit maritime.

LA LOI MARITIME INTERNATIONALE POSITIVE, PRATIQUÉE DEPUIS 1793-1801.

FRANCE.

Monsieur Guichard avait publié un Code des prises maritimes, qui nous donne un aperçu de ce qui a été observé de la part de la France à l'égard de l'ancienne institution maritime.

La loi maritime internationale avait déjà sous Louis XV changé l'ancienne destinée française et par les décrets de la République, du 26 mai et du 11 août 1791 il était ordonné : « qu'il ne fallait plus faire prisonniers les Anglais, les Hanovriens, et les Espagnols qui appartenaient alors à des puissances ennemies de France. »

Mais ces décrets furent révoqués le 30 décembre 1794 comme étant contraires à la loi des nations, et un décret du 11 février 1793 fit reprendre les anciens usages maritimes que la France suivait autrefois à l'égard des prises, et le décret du 9 mai 1793 condamne tous les vaisseaux neutres ayant une part de cargaison ennemie ou une cargaison ennemie entière à leur bord, c'était alors le retour à la loi du XVIIe siècle et contraire à la loi de 1744. — Mais la République française avait contre elle toutes les puissances qui voulaient venger les Bourbons, et il faut attribuer à cette situation politique que la France devait agir rigoureusement contre elles, à l'égard du droit maritime international.

De plus, les vaisseaux neutres étaient exposés à l'arrestation s'ils transportaient de la provision appartenant aux neutres, mais destinés à l'ennemi; la provision était saisie, mais sa valeur payée selon le prix qu'elle valait dans le port pour lequel elle était destinée.

Le 8 juillet et le 22 novembre 1796 le pouvoir exécutif avait rendu deux décrets qui faisaient connaître aux neutres la condition suivante :

« Que les croiseurs français les traiteraient d'après « la même loi qu'ils appliquaient eux-mêmes aux « neutres. »

La décision du conseil des Cinq Cents approuvée par le grand conseil porte :

« Que l'importation des marchandises manufactu-

« rées provenant soit des fabriques, soit du commerce
« anglais est prohibée tant par mer que par terre et
« dans toute l'étendue de la République française.
« Aucun bâtiment chargé en tout ou en partie, des-
« dites marchandises, ne pourra entrer dans les ports
« de la République sous quelque prétexte que ce soit
« à peine d'être saisi sur-le-champ.

« La condamnation portera toujours confiscation
« des marchandises, bâtiments de mer, etc., etc. »
(Octobre 1796.)

Cela était non-seulement le retour de l'ancien principe :

Que la confiscation du navire et des biens ennemis emporte la confiscation des biens et du navire neutre s'ils se trouvent ensemble ; mais en quelque sorte aussi l'interdiction du commerce.

C'est ici sans doute le commencement du système
continental que suivait plus tard l'empereur Napoléon
envers l'Angleterre son infatigable ennemie et qui sous
un vil ministère était l'intrigant le plus criminel vis-
à-vis de la France et en conséquence vis-à-vis de la
civilisation, et elle n'a que malheureusement trop tard
compris aujourd'hui son véritable rôle, qu'elle doit
jouer en se liant avec la France et la civilisation.

— 184 —

Il fut décrété plus tard et au mois de mars 1797 :

« Que les croiseurs français seraient autorisés à
« amener dans les ports de la République tous les
« vaisseaux neutres qui transportent des biens enne-
« mis, soit comme une partie de la cargaison, soit
« comme pleine charge du vaisseau. »

La prise était déclarée la propriété des croiseurs.
Mais quant au vaisseau neutre il était relâché en
payant au capitaine dudit vaisseau les frais du voyage
et une indemnité pour sa retenue.

Au mois de janvier 1798 le Directoire promulgua
le décret, — qui plus tard, le 23 Frimaire an VIII
de la République, fut abrogé, — portant :

1° L'état d'un navire en ce qui concerne la qualité
neutre ou ennemie, est déterminé par sa cargaison.
En conséquence, tout bâtiment chargé en tout ou en
partie de marchandises anglaises est déclaré de bonne
prise, quel que soit le propriétaire desdites marchandises.

2° Tout bâtiment étranger qui dans sa traversée
aura relâché en Angleterre ne pourra entrer en
France si ce n'est dans le cas d'une relâche forcée, et
alors il en sortira dès que les causes de sa relâche
auront cessé.

Ce décret fut la seconde phase du système continental. Il renferme toutes les conditions nécessaires à son exécution, en ce qui touche l'empêchement du commerce par terre et le commerce par mer.

Car en déclarant de bonne prise toutes les marchandises de l'ennemi, il était bien légal de les brûler et en interdisant le commerce entre les neutres et les belligérants, c'était le chemin le plus convenable pour enlever à l'ennemi la force matérielle pour qu'il ne puisse plus provoquer.

Prendre les biens de l'ennemi, faire suspendre son commerce, sa navigation et interrompre toute communication avec lui, telles étaient les vues de Napoléon, sans doute peu justifiées par la loi naturelle des gens, puisque cette mesure s'étendit sur l'abolition absolue du commerce et de la navigation des neutres.

Mais il ne faut pas oublier que l'Angleterre elle-même avait commencé la première à violer le droit des gens par son agitation contre la France dans les pays étrangers du continent; il en était ainsi depuis les querelles à cause de la libre navigation avec la Hollande et les premières guerres d'Allemagne et en Espagne jusqu'à la campagne de Waterloo.

Quant à la juridiction, la condamnation des prises a été tout d'abord conférée aux tribunaux ordinaires, et ce fut Napoléon qui institua de nouveau la cour d'amirauté, bien que la Convention nationale rendit déjà un long décret portant le rétablissement de l'ordonnance de 1681 et de celle de 1788 ; ce décret fut rendu en Brumaire an IV de la République.

C'était une grande erreur d'avoir attribué la compétence des prises aux tribunaux ordinaires, disait le ministre de la justice à l'occasion de l'installation du Conseil des prises ; et en effet il paraît que ces tribunaux abusèrent beaucoup de la loi internationale maritime ; mais peut-être qu'ils étaient forcés d'agir ainsi sous la dictature des républicains.

Le Conseil des prises avait alors jugé à cette époque les prises d'après cette législation refondue du droit maritime international, et dont nous avons parlé aux chapitres précédents.

LA GRANDE-BRETAGNE.

L'Angleterre continua la confiscation de la contrebande selon l'usage des nations et en même temps la confiscation du vaisseau qui la transportait s'il appartenait à celui qui était propriétaire de ladite contrebande.

C'était une exception de l'ancienne loi suivie par l'Angleterre et une mesure un peu trop douce envers les neutres pour favoriser les transports de contrebande destinée à son service pendant la guerre contre la France. Voilà tout ; mais cette règle n'était pas la loi équitable, bien qu'elle fût douce envers les neutres.

Si le navire était neutre, alors il était relâché et on ne lui payait pas les frais du transport de la contrebande, c'est-à-dire si le navire était neutre, et si la contrebande n'appartenait pas au maître du navire.

Cette même règle fut suivie à l'égard du navire neutre transportant des biens ennemis. La visite, les recherches, et l'arrestation de tous les navires de haute mer, furent exécutées par l'Angleterre, et tout vaisseau qui chercha à entrer dans un port bloqué fut confisqué.

Le commerce colonial du neutre avec le belligérant qui n'était pas permis pendant la paix, n'était pas non plus permis pendant la guerre.

Pour anéantir dans cette guerre la nation française s'il était possible, l'Angleterre s'empara de tous les vivres entrant dans les ports français, — qu'elle paya sous titre d'indemnité.

(Voir Azuni : Droit maritime, tome II, p. 420 et Martens : Causes célèbres, tome II, p. 324.)

Martens dit à cette occasion dans ses Causes célèbres :

« Quoique cette indemnité annoncée par le gou-
« vernement britanique ne peut faire disparaître l'in-
« justice fondamentale d'une telle prétention, elle
« n'eut pas moins son plein effet par l'adoucissement
« qu'elle apporta au commerce neutre, etc., etc. »

Par le traité conclu entre l'Angleterre et le Danemark (juillet 1670), l'Angleterre ne reconnut point les vivres et spécialement les grains comme contrebande.

Mais le traité conclu entre ces puissances, en juillet 1780, exempte expressément de la contrebande toute sorte de grains et la provision.

Quelle volonté absolue dans la loi internationale; car de l'autre côté, l'Angleterre exerça justement, comme nous l'avons vu, le contraire de ce principe.

Sir W. Scott était un des premiers juges de l'amirauté anglaise de cette époque, et nous apprenons par son ouvrage (qui contient les rapports de ladite amirauté, publiés après sa mort par sir Ch. Robinson), quelles maximes générales ont été suivies par l'Angleterre pendant le temps de cette guerre. — Nous les donnons ci-après :

1° Tout commerce avec l'ennemi est illégal, excepté avec une autorisation spéciale;

2° Le caractère national se laisse reconnaître par la résidence, l'occupation et l'emploi officiel de la personne;

3° Le territoire neutre doit être protégé et ne doit pas être violé par un acte hostile;

4° Les biens ennemis trouvés dans un bâtiment neutre sont passibles de confiscation avec condition de payer les frais du transport;

5° Si le commerce colonial n'est pas permis pendant la paix, il n'est pas non plus permis aux neutres pendant la guerre. Les frais du transport des marchandises ne doivent pas être payés dans ce cas;

6° La mère-patrie et ses colonies tombent sous une seule et même juridiction. — Si les neutres font un commerce direct avec la mère-patrie et les colonies ennemies, alors les biens et le navire neutre doivent être confisqués. Dans le cas où le commerce n'est pas direct entre ces pays, alors le navire neutre doit être relâché;

7° Le paiement des frais de transport des marchandises ennemies n'est pas permis si le neutre les a transportées d'un port ennemi à un autre;

8° La contrebande comprenant armes, munitions et objets à l'usage de la guerre, est soumise à la confiscation. La provision n'est pas de la contrebande si elle n'est pas destinée à l'ennemi dans un but militaire. — Goudron, résine, toile et bois de construction sont considérés comme contrebande. Sont considérés comme contrebande d'autres articles selon les circonstances dont la description dépend des parties contractantes;

9° Tout navire transportant de la contrebande doit être confisqué, même s'il est un navire neutre, pourvu qu'il appartienne à celui qui est propriétaire de la contrebande, autrement on le relâche, mais on ne lui paie point les frais du transport;

10° L'arrestation, la visite et les recherches sur des vaisseaux rencontrés sur la mer sont nécessaires pour reconnaître la qualité ennemie;

11° La résistance à la visite, suffit pour prononcer une condamnation du navire;

12° Le blocus doit être annoncé, et doit être suffisamment soutenu par l'ennemi, pour pouvoir juger s'il a été violé ou non;

13° La saisie de la provision allant à l'ennemi, est légale, si on en paie le prix. — La qualité des vaisseaux ennemis pris, peut être transférée en qualité neutre. Mais la vente des vaisseaux à des neutres doit être positive;

14° En ce qui regarde la reprise concernant les neutres, il faut suivre la même règle, que celle que les neutres observèrent à cet égard;

15° Si la saisie a été faite à la haute mer, la prise doit être jugée par l'autorité judiciaire du pays auquel appartient le croiseur. — La condamnation d'une prise dans un pays neutre est illégale. — La condamnation par l'autorité du pays du croiseur même, si le navire est dans un port neutre est illégale.

Ces quinze règles forment la base du grand ouvrage de sir W. Scott et de la jurisprudence anglaise que la cour d'amirauté observait depuis 1793 jusqu'à la 3e paix de Paris de 1856, et dont nous avons trouvé quelques exceptions à la règle générale observée autrefois par cette puissance, comme nous l'avons démontré plus haut dans la réponse du gouvernement anglais au roi de Prusse. — Pourtant nous verrons que pour l'application du sytème continental, l'Angleterre aussi bien que la France s'étaient laissé entraîner pour donner des lois, qui étaient hors de toute règle de droit.

L'ESPAGNE.

Nous avons eu l'occasion de donner un résumé de l'ouvrage du chevalier d'Abreu, et dont les doctrines furent complétement mises en application par le gouvernement espagnol, et non-seulement les biens ennemis, mais aussi le vaisseau neutre qui les transportait, étaient soumis à la confiscation, comme c'est indiqué dans l'ouvrage de M. d'Abreu.

CHAPITRE IX.

—

Le système continental, développé ci-devant, n'é-
tait pas encore tout à fait appliqué dans toute son
étendue. Napoléon savait parfaitement bien employer les décrets du Directoire contre son ennemi,
tandis que ses mesures contre les neutres ménageaient
beaucoup plus leurs intérêts que la loi naturelle ne
leur accordait, mais c'était la politique de Napoléon
de gagner par là les États du nord de l'Europe contre
l'Angleterre. Voyons maintenant comment la France
et l'Angleterre se ménagèrent réciproquement dans
l'application du système continental.

Jusqu'ici, il n'était pas positivement défendu que
le blocus devait être fait par des vaisseaux pour être
légal. On trouvera dans notre Code qu'un tel blocus

n'est nullement exigé pour pouvoir nuire à son ennemi.

Dans la cause qui fut entendue devant la cour d'amirauté anglaise, pour le navire « Neptunus » le 18 juillet 1799, et « l'Océan » le 16 mai 1801, on prétendit pour la première fois à la restitution de la prise à cause d'un blocus insuffisant, et la cour accorda la restitution en se rapportant aux principes posés par sir W. Scott. — Il en fut de même pour le navire « Maria Schroeder » qui fut restitué puisque le blocus du Havre ne fut pas strictement soutenu.

Il est bien naturel que l'Angleterre ait un intérêt tout spécial pour soutenir un tel blocus ; car comme première force maritime, elle peut partout bloquer ainsi les ports ennemis dans le cas d'hostilité, tandis que les autres puissances maritimes ne seraient pas à même de faire chose pareille.

Dans le cas où l'Angleterre serait neutre dans une guerre, elle profiterait d'un tel blocus comme elle en profiterait dans le cas de guerre, puisqu'elle peut disposer d'une flotte énorme pour cerner tous les ports de ses ennemis. — Le Congrès de Paris de 1856, en adoptant un blocus légal, sous des conditions énoncées ci-dessus, a sans doute voulu agir

dans le sens de la première nation maritime ; mais
nous aurons occasion de montrer la fausseté de la
base d'un tel blocus, à l'endroit où dans la seconde
partie du présent ouvrage nous traiterons du blocus.

Les croiseurs anglais n'avaient donc plus le pouvoir de saisir les vaisseaux neutres, si le blocus n'é-
tait pas suffisamment soutenu.

Mais la loi anglaise fut changée à cet égard après
le décret de Berlin, que Napoléon rendit en novembre 1806.

De plus, les neutres réclamèrent la liberté de passer une rivière qui traverse leur pays, aussi bien que
celui de l'ennemi, ils réclamèrent en conséquence la
LIBERTÉ DE POUVOIR PASSER par un port bloqué.

Mais la cour d'amirauté n'entendit point leur argument et confisqua en juillet 1804 et en novembre
1805, les deux vaisseaux « Spes » et « Irène » en
soutenant : « Such a description of blockade admit-
ted of a greater latitude of interpretation and entitled
the neutral parties to all the indulgent consideration,
that can falsly be applied to their case. »

Quant à la France, nous apprenons par les feuilles
du Conseil des prises, institué par Napoléon, et dont
Portalis était Président et par « le Code des prises

et du commerce », publié en 1804 et complété par Dufriche-Fontaine :

« Que la France favorisa les neutres en soutenant « en quelque sorte le principe de la ligue hanséa-« tique : « navire libre, cargaison *libre*. »

Mais pour avoir une restriction contre son ennemie l'Angleterre, Napoléon décréta : Que tout navire neutre, entrant dans le port français, devait avoir un certificat du consul du port où le navire a été chargé, statuant que la cargaison ne contient point des biens des colonies anglaises et que le navire ne vienne ni directement ni indirectement de l'Angleterre. Si le capitaine neutre n'était pas muni dudit certificat, il était admis au port français sous la seule condition « qu'il y changerait la cargaison anglaise contre une « cargaison française. » C'était donc une grande faveur pour les neutres.

La France continua pourtant à faire des recherches sur les navires neutres, et le décret de 1803 répète l'ordonnance de 1681, en ce qui concerne cette partie, et il y est dit : « Tout navire qui refusera d'amener ses voiles après la semonce qui aura été faite, pourra y être contraint; en cas de résistance et de combat, il sera de bonne prise. »

Le peuple français avait besoin d'être guidé et la République tomba sous mille abus de toute part; — et lorsqu'en 1804 Napoléon fut proclamé Empereur par le Sénatus-Consulte, la loi maritime internationale changea à cet égard, peut-être parce que l'ingénieux Portalis, qui fut un des rédacteurs du Code Napoléon, était alors mort et ne pouvait plus protéger les neutres par ses conseils.

La France avait déjà à ses pieds, l'ITALIE, l'ESPAGNE, la HOLLANDE, l'AUTRICHE, et presque toute l'ALLEMAGNE; mais l'Angleterre avec la Russie déjà défaite, résistaientencore à Napoléon; elles continuèrent même la lutte sur le Continent et en Espagne.

Cette lutte effrayait pourtant l'Empereur, d'autant plus que la France perdait de plus en plus sa force maritime. Il fallut donc bien saisir tous les moyens pour rendre l'Angleterre plus faible qu'elle ne l'était en ce moment. Par là s'explique la sévérité de la loi maritime internationale sous le règne de Napoléon Ier.

Napoléon interdisait alors par le décret de Berlin de 1806, tout commerce avec l'Angleterre, qui perdait par là presque tout le Continent pour son commerce.

Mais l'Angleterre, de son côté, employa des mesures contre la France et les pays où la France exerça sa juridiction, et dans les conseils tenus le 7 janvier 1807 et le 11 novembre 1807, il fut conclu et proclamé comme loi : « que tous les ports de France ou de ses alliés, ou de tout autre pays qui était en guerre avec l'Angleterre, ou qui avait exclu de ses relations internationales le drapeau anglais, sont déclarés en état de blocus, que tout commerce avec lesdits États est illégal, et que les vaisseaux chargés dans ou pour un port desdits pays doivent être saisis et de bonne prise. »

Alors, Napoléon rendit en décembre 1807, le décret de Milan, par lequel, « tout vaisseau allant ou venant d'Angleterre, ou de ses colonies, ou d'un pays occupé par des troupes anglaises, est déclaré de bonne prise. »

Cela fit quelque effet sur l'Angleterre, et elle révoqua en quelque sorte en avril 1809, le décret du 11 novembre 1807 en statuant : « que le blocus y mentionné n'aura d'effet que pour la France, l'Italie et la Hollande, et de plus le gouvernement anglais déclara en avril 1812 qu'il revoquerait entièrement le décret de 1807, aussitôt que l'empereur des Français aurait révoqué les décrets de Milan et de Berlin.

En effet elle révoqua les décrets de 1807 et de 1809 en juin 1812, sur la communication officielle qui lui fut faite de la révocation des décrets de Milan et de Berlin par l'empereur des Français.

Mais toutes ces révocations françaises n'étaient que conditionnelles, puisqu'elles ne regardaient que l'Amérique et non pas les autres pays.

Considérant ces décrets anglais et français, nous devons dire qu'ils ne sont pas justes, et qu'ils ne se fondent point sur le droit naturel des gens, car il est bien permis de nuire aux intérêts de l'ennemi, mais non pas aux neutres.

La France interdisait à toutes les nations le commerce et la navigation avec l'Angleterre, et celle-ci agissait de même en interdisant le commerce et la navigation avec la France.

Mais cela n'est point justifié puisque le commerce et la navigation de ceux qui n'étaient pas en guerre furent entravés par cette mesure, et c'est en cela que lesdits décrets doivent être considérés comme illégaux, d'après la loi des gens.

Bynkerhoek lui-même dit dans son ouvrage : « Diceres id edictum jure retorsionis subsistere; sed « RETORSIO NON EST NISI ADVERSUS EUM, QUI IPSE

« DAMNI quid dedit ac deinde patitur, non VERO AD-
« VERSUS communem amicum etc. — QUI INJURIAM
« NON FECIT, NON RECTE PATITUR, etc., etc. »

Nous avons soutenu la même maxime dans notre
Code raisonné sur le droit maritime international,
qui forme la seconde partie de notre ouvrage, en démontrant par quelle raison le commerce et la navigation des neutres doivent être libres.

Mais l'Angleterre avait agi bien plus illégalement
et contre tout droit des gens en s'emparant de la
flotte d'un État neutre par la force des armes. Elle
avait ainsi volé la flotte de Danemark, neutre alors
dans cette année des guerres de Napoléon, et bom-
bardé Copenhague, ville neutre, pour s'emparer de
cette flotte.

Sans doute, il fallut chercher une justification de
cet acte ; mais ce n'est point une justification pour
l'Angleterre, d'avoir commis une telle action, parce
qu'elle craignait la paix de Tilsitt qui donna à la
France *le pouvoir sur le Continent* pour protéger la
civilisation contre la tyrannie du despotisme, et sup-
posait une invasion en Danemark par Napoléon, qui
alors pouvait saisir la flotte danoise pour aller faire
une descente en Angleterre.

Les historiens modernes anglais, comme Maccauly et lord Brugham dans son ouvrage « Political and « historical principles London, 1856 » ne justifièrent pas et ne peuvent pas justifier par leurs arguments cette prise de la flotte danoise.

L'Angleterre ne s'était point arrêtée là, dans ses actes illégaux, elle agissait contre l'Amérique en saisissant tous les matelots Anglais engagés sur des navires américains.

Mais les États-Unis faisaient savoir à l'Angleterre que cette mesure devait cesser, considérant qu'elle entravait la navigation nationale, et de plus ils demandaient l'admision du principe : VAISSEAU LIBRE, CARGAISON LIBRE.

Mais comme ces conditions ne furent point admises par l'Angleterre, le Congrès rendit un acte le 27 février 1811, par lequel, le commerce anglais fut exclu des États-Unis, tant que l'Angleterre n'aurait pas révoqué ses décrets, comme la France l'avait déjà fait ; — de manière que le commerce des États-Unis ne soit plus entravé par ses mesures restrictives. — L'Angleterre ne céda point et ce fut alors : que les États-Unis lui déclarèrent la guerre le 18 juin 1812, guerre qui dura jusqu'en décembre 1814. — Mais le

traité de Ghent, par lequel la paix avec l'Angleterre
fut proclamée ne *régla point les deux points* litiges,
qui étaient l'objet de la guerre. — L'Angleterre faisait déjà, avant la paix de Ghent, entrevoir aux États-
Unis, la nécessité de soutenir ses règlements puisque
déjà le décret de Napoléon du 28 avril 1811 ne révo-
quait point les décrets de Milan et de Berlin, et qu'il
était rendu seulement en faveur des vaisseaux américains.

Pourtant l'Angleterre révoqua ses décrets du 7 janvier 1807 et du 26 avril 1809 en ce qui concerne les
vaisseaux américains et leurs cargaisons, sous la condition que les États-Unis révoqueraient la mesure res-
trictive dirigée contre le commerce maritime anglais.

Les États-Unis voyant la France son alliée naturelle défaite et Napoléon exilé à l'île d'Elbe, ne voulurent point soutenir une guerre isolée contre l'Angleterre et il faut attribuer à cette circonstance que
les États-Unis acceptèrent par le traité de paix de
Ghent la condition mentionnée plus haut, que l'Angleterre leur proposait. Car la paix générale annulait
par son effet les principes exagérés soutenus alors par
l'Angleterre, l'Amérique et la France.

D'ailleurs après la malheureuse trahison de la bataille de Waterloo et après la seconde paix de Paris, les décrets français furent positivement révoqués comme ceux que l'Angleterre avait promulgués contre la liberté du commerce et de la navigation; et comme toutes les nations rentraient en paix, l'application du système continental provoqué par la guerre, tirait à sa fin par cette paix.

Les traités d'Utrecht et de Westphalie, qui en quelque sorte réglaient un autre plan de conduite envers les neutres pour la guerre sur terre que celui que l'Angleterre et la France avaient soutenu pendant les glorieuses guerres de Napoléon, étaient dès lors considérés de nouveau comme loi des nations pour ôter toute force au système continental.

La justice ne peut pas oublier que la diplomatie chrétienne et les généraux vainqueurs de Waterloo, ont tué par la seconde paix de Paris un homme et un Napoléon qui avait rendu des services immenses à la société et qui était digne de la grâce de Dieu. — Mais il faut avouer avec honte que Napoléon avait été vendu par ses propres ministres Fouché et Talleyrand et c'était eux qui le tenaient captif à la Malmaison, avant que les étrangers ne pussent lui faire du mal.

Mais la Providence fit changer les choses et signer, en 1856, sous les auspices d'un autre Napoléon et par la grâce de la France une troisième paix de Paris, qui n'a que le défaut d'être trop douce envers ceux qui ont toujours eu en vue de troubler constamment la France, la civilisation, la loi et le droit des nations, et de détruire ceux qui avec la France et l'Angleterre protégent par leur pouvoir et leur activité la civilisation de la société. Nous renvoyons le lecteur au chapitre XI, en ce qui touche la déclaration maritime qui est adjointe au traité de la troisième paix de Paris.

CHAPITRE X.

La collection du droit commercial de tous les pays
par M. St-Joseph, et dont une bonne traduction anglaise avait paru par M. Leony-Levi, docteur en droit
et professeur au Kings'College à Londres, nous ren-
seigne sur la loi maritime de Danemark. Suède,
Italie, Espagne, France, etc.

Les lois sévères de Danemark y disputent la
place à celles de tous les autres pays; mais toutes
ensemble ne constituent pas un droit maritime international.

Pourtant nous remarquons à côté d'elles plusieurs
stipulations à l'égard du droit maritime international, que contiennent les lois françaises promul-
guées le 25 septembre 1807.

Elles forment donc une jonction aux décrets et
ordonnances françaises dont nous avons parlé dans

ce livre ; et par cette raison , nous devons les men-
tiónner ici.

Le Français, à l'étranger, est soumis à la juridiction étrangère , bien que selon l'art. 3 du Code
Napoléon, le Français à l'étranger, est soumis en ce
qui concerne l'état et la capacité de sa personne , à
la loi française ; le Français peut être cité devant un
tribunal français pour les actes exécutés à l'étranger,
comme l'indique l'art. 15 du Code Napoléon , et
l'étranger peut , selon l'art. 14, également être cité
devant un tribunal français pour les obligations con-
tractées envers un Français. Pourtant l'art. 11 du
Code Napoléon garantit aux étrangers une réciprocité dans la jouissance des droits civils.

Les autorités des gouvernements de notre époque
veulent faire valoir que tous les individus, n'importe
à quelle nation ils appartiennent, doivent être assujettis
à leurs lois ; et comme ce principe est partout pratiqué
contrairement au droit des gens, il est superflu de con-
férer un pouvoir judiciaire aux consuls ou ambassadeurs dans les pays étrangers ; et les art. 3, 11, 14 et
15 du Code Napoléon ne peuvent avoir force que devant les tribunaux et les autorités en France ; — car
les consuls et ambassadeurs n'ont dans ce cas qu'un

pouvoir administratif; mais dans ce cas il est de leur devoir de protéger du moins leurs nationaux contre l'injustice et l'oppression étrangère. — C'est ainsi que selon l'art. 47 du Code Napoléon, le consul doit recevoir et rédiger, selon la loi française, tout acte de l'état civil fait à l'étranger concernant un Français, pour être valide devant l'autorité française; mais ces actes n'ont aucune validité devant les autorités du pays où réside le Français ou un autre étranger.

Pour pouvoir s'en servir dans ces pays, il ne suffit pas de les faire traduire et il faut passer un autre acte, conformément à la loi étrangère.

En Angleterre, — où le pouvoir judiciaire est concentré, dans chaque ville, entre les mains des simples citoyens, des jurisconsultes, et la chambre des lords, — les étrangers ne sont responsables devant l'autorité anglaise que pour les actions commises sur le territoire anglais. Le même principe est pratiqué en France. — Mais en Allemagne, en Autriche, en Italie, etc., le principe contraire est en plein exercice.

Pourtant les consuls et ambassadeurs étrangers, en Angleterre comme en France, n'ont aucune juridiction sur leurs nationaux. — Le consul américain à Londres avait dernièrement délivré un writ contre des sujets américains, et qui avait été exécuté par la force publique anglaise. — Mais la commission royale de la navigation à Londres avait désapprouvé la conduite de l'autorité anglaise dans cette affaire, et lui avait interdit de jamais intervenir à l'avenir sur l'ordre d'un consul étranger (1).

Tandis que les autorités locales veulent ainsi faire valoir leur souveraineté dans leurs pays, elles ne veulent pas respecter le droit international qui défère aux consuls et ambassadeurs un juridiction directe sur leurs nationaux.

C'est ainsi que le pouvoir judiciaire est pris aux consuls et aux ambassadeurs dans les pays européens. — Nous les voyons investis de toute leur autorité judiciaire dans la Turquie, l'Égypte, la Perse, la Chine et même dans les États du sud de l'Amérique.

(1) L'un des plus honorables magistrats français, M. César Moreau, ancien consul de France à Londres, nous a souvent parlé des difficultés qu'il y a dans cette juridiction internationale, puisque les nations ne sont pas convenues de la manière dont elle doit être réglée. M. César Moreau est fondateur de la statistique comme science, et de plusieurs institutions nationales qui rendent aujourd'hui encore des services immenses à la France, et auteur de plusieurs ouvrages concernant la marine, la navigation et le commerce international de France, de Grande-Bretagne etc., etc. Il est l'homme d'équité et du bien, et la France lui doit un monument national pour ses services rendus à la patrie. — Mais hélas ! la mauvaise passion et les vices des hommes empêchent que le bien soit fait; ils sont jaloux de la paix de leur prochain. Quand est-ce qu'ils céderont à la justice et à la dignité de l'homme? Pourtant nous avons jugé utile de faire nos hommages aux efforts élevés de M. César Moreau.

Nous avons parlé dans le second volume du présent ouvrage, du pouvoir du consul et des ambassadeurs ou envoyés, — et on y trouvera la loi telle qu'elle devrait être observée à leur égard.

Quant à la matière internationale du Code maritime français (du Code de commerce), il déclare, art. 190, les navires meubles; mais il leur est donné par les titres, art. 191-215, la qualité d'immeubles en ce qui concerne leur saisie et vente, pour garantir les frais et les avances faites pour le navire. — Selon les art. 216 et 217, les propriétaires de navires sont civilement responsables des actions du capitaine, concernant le service du navire; cette responsabilité cesse par l'abandon du navire et du frêt; mais, comme corsaires, dans la guerre, ils ne sont responsables pour les délits des gens de l'équipage ou des guerriers qui se trouvent sur leur navire, — que pour la somme pour laquelle ils ont donné caution, s'ils ne font pas partie du complice. Dès-lors que la déclaration de la 3ᵉ paix de Paris a aboli le corsaire, il est essentiel que le ministre de la justice fasse modifier ces articles pour en ôter aux juges le double sens de la législation. — L'article 235, veut que le capitaine, s'il se trouve avec le vaisseau dans un pays étranger ou dans les colonies françaises pour revenir en France, envoie au propriétaire du navire ou à son fondé de pouvoir, un compte signé de lui, constatant l'état et le prix de son chargement, les sommes qu'il a empruntées, et le nom et la demeure des prêteurs. — Selon l'art. 237, le capitaine peut se faire autoriser en France par le tribunal de commerce ou le juge de paix, ou à l'étranger par le consul ou les magistrats du lieu, — à emprunter les sommes nécessaires pour le service du navire; mais c'est seulement pour donner à cet emprunt validité en France, car tant que les nations n'ont pas réciproquement reconnue qu'elles doivent être sous l'une et la même loi, ou du moins sous la loi de leur patrie quand les personnes se trouvent à l'étranger, — il faut, — comme nous l'avons déjà dit plus haut à l'égard de la juridiction nationale, — bien admettre en pratique que la loi du pays est imputable à l'étranger.

Si le capitaine aborde dans un port étranger, selon l'art. 244, il est tenu de se présenter au consul français pour obtenir un certificat constatant l'époque de son arrivée et de son départ, et la nature de son chargement.

Si le capitaine relâche dans un pays étranger, il faut qu'il en donne connaissance au consul ou au magistrat du pays.

Le choix des matelots dépend, en pays étranger, du capitaine seulement. S'il y a interdiction du commerce avec le lieu de destination du navire, les matelots doivent être payés pour les journées qu'ils ont servies, si le navire n'est pas encore parti. Mais si le navire est arrêté en sa course, les matelots sont payés à demi-solde pendant l'arrêt, si les matelots sont loués par mois, et s'ils sont loués par voyage, leur solde doit entièrement être payée selon leur engagement. — Le matelot est traité et pansé aux dépens du navire, s'il est blessé en combattant contre les pirates ou l'ennemi. — Le matelot fait prisonnier, a droit à une indemnité contre le propriétaire et le chargeur du navire, s'il était capturé en faisant le service pour le navire et le chargement. (Voir titre V du Code marit.)

Selon l'art. 279, le capitaine, s'il n'a pas d'ordres contraires, est tenu de se rendre avec son navire dans un port voisin de celui qui est bloqué, et pour lequel il est destiné.

S'il y a interdiction du commerce international, et

si le navire est obligé de revenir avec sa cargaison et s'il est loué pour aller et revenir, alors le frêt pour aller seulement, lui est dû, — d'après l'art. 299 du Code marit. — Si le vaisseau est arrêté dans sa course, par l'ordre d'une puissance, il n'est dû, selon l'article 299, aucun frêt du navire pour le temps de sa détention, quand il est frêté par mois, ni non plus une augmentation de frêt, quand il est loué au voyage. — Dans le cas où le navire et la cargaison sont pillés par des pirates ou avariés, le frêt n'est pas payé, et le capitaine est même tenu de restituer les avances qu'il en a reçues, s'il n'y a pas convention contraire. — Mais bien que cette indication dans l'art. 302 est contraire aux intérêts des propriétaires de navires, il est constaté par l'art. 303 que si la cargaison et le navire sont sauvés, alors le capitaine a droit au frêt pour le lieu où la prise ou l'avarie a eu lieu.

Le titre IX du Code maritime français permet au capitaine de contracter à la grosse, et le contrat est valide seulement pour la part qu'il a dans le vaisseau, s'il n'a pas une autorisation des autres co-propriétaires du vaisseau.

Mais chaque contrat à la grosse, fait en France, doit être enregistré au tribunal de commerce : et s'il est fait à l'étranger, il doit être fait devant le consul, ou à défaut d'un consul, devant le magistrat du lieu où le contrat est fait.

Quant à l'assurance, selon le titre X, la somme assurée en argent étranger, est comptée selon le cours, du jour où la police avait été faite ; et les assureurs ont à leur charge, non-seulement l'avarie, mais aussi tout risque contre le pillage, prise, arrêt par ordre de puissance, déclaration de guerre, représailles, etc., etc.; mais trois jours après la réception de la nouvelle, l'assuré doit en donner connaissance aux assureurs pour pouvoir réclamer la somme assurée. Le délaissement des objets assurés peut être fait, en cas de prise, arrêt d'une puissance étrangère, etc.

La perte du navire et de la cargaison peut être déclarée verbalement ou par écrit par le propriétaire du navire et sans avoir besoin de l'attester par une autre preuve, s'il n'a pas reçu des nouvelles dudit navire pendant une année pour les voyages ordinaires, et pendant deux années pour les voyages de long cours, selon l'art. 377 ; dans ce cas alors, la somme assurée peut être demandée aux assureurs.

Enfin le titre XII, art. 416, indique que le consul

français, ou à son défaut le tribunal compétent des lieux, doit, dans les pays étrangers, répartir les sommes des pertes et dommages en cas de jet de la cargaison.

Ce résumé nous prouve assez clairement que le propriétaire du navire n'est pas assez protégé contre l'affréteur, le capitaine et l'action de l'équipage. — Nous renvoyons donc le lecteur au second volume, où nous avons traité de ces questions du droit international.

CHAPITRE XI.

DE LA LOI MARITIME INTERNATIONALE, DEPUIS 1815
JUSQU'A NOS JOUS.

—

(a) *Depuis* 1815-1853.

La société n'ayant pas été rassurée par la paix de
1815, cette paix ne pouvait pas être générale en Europe, car les affaires survenues en 1830 entre la
France et la Hollande, qui sous tous les rapports
étaient injustes, — la guerre civile soulevée en Espagne et en Italie en 1822, en Grèce en 1825, en Polo-
gne en 1830, en Égypte en 1840, en Hongrie et
en Allemagne en 1848, contre la maison de Hap-
sbourg, qui par son alliance avec le despotisme
russe étendait son joug inhumain et déloyal, sur
les États allemands, etc., etc.; ces faits et enfin la
guerre même de 1853—1856 nous prouvent que la
société n'est pas dans son juste équilibre.

Quelques années sur la mer laissèrent ainsi la loi

maritime internationale dans le même état qu'elle avait été avant les guerres de Napoléon, et le traité de Vienne et de Paris signé en 1815 n'y changea rien et n'obligea pas les nations entre elles par une conduite prescrite en ce qui concerne la loi maritime internationale, si ce n'est ce qui regarde la libre navigation internationale sur quelques fleuves. — Tout était donc laissé à l'incertitude, et chaque nation pouvait à l'avenir poursuivre de nouveau son propre chemin sans en être responsable devant la loi naturelle des gens.

C'est ainsi que chaque nation rétablit son ancienne coutume du droit maritime international et spécialement le droit qui est applicable à la paix, puisque l'autre partie dudit droit concernant la guerre ne fut pratiquée qu'en 1853, mais de la même manière qu'il était pratiqué au XVIIIe siècle, et avant les guerres de la République française. Les nations amies conclurent des traités de commerce et de navigation pour favoriser leurs relations et se traitèrent ainsi réciproquement comme des privilégiées et en exclurent les autres nations pour ne pas les laisser jouir du même bénéfice.

Cette manière de procéder par des traités était

toujours une offense commise envers le droit des gens:
car ce qui est juste pour une nation doit l'être également pour une autre, et c'est d'après cette maxime
que la loi maritime internationale doit être égale
pour tous.

L'autorité des consuls, les droits des négociants,
des capitaines de navires et des matelots, dans les
pays étrangers, étaient traités d'après des vues juridiques qui différaient l'une de l'autre.

Il en était de même du droit de pêche, du droit
de s'approprier les biens avariés et de la juridiction
particulière pour la mer limitée. — Dans notre
Code raisonné, les points indiqués ci-dessus du
droit maritime international ont été plus spécialement traités d'après le droit naturel des gens, et l'on
y trouvera le raisonnement et le jugement qui nous
paraissaient justes et équitables.

Nous y avons traité en même temps toutes les
questions résultant de l'état de guerre et nous croyons
les avoir réglées d'après le droit des gens, et l'é-
quité d'après la situation des nations en paix et en
guerre.

Il appartient au temps futur de proclamer ce Code
comme loi des nations et de les obliger entre elles à

l'observer, et alors les divergences politiques ne contribueront plus à la destruction des droits des nations et de leurs relations internationales, puisque ce Code règlera pour chaque temps leurs droits et leurs devoirs.

La seconde République française de 1848 fut injustement proclamée en France et fit détruire les bienfaits qu'un roi plein de justesse eût répandus sur la France en la gouvernant avec une liberté et une loyauté des plus consciencieuses. — Les Français en abusèrent par leur inconstance, leur faiblesse et ne sachant pas ce qu'ils durent faire et laisser, ils tombèrent sous la corruption qui proclama la République. — Mais le peuple chercha en vain après des capacités politiques dans cette République, et ayant eu besoin d'un gouvernement pour les guider, cette République sans principes et sans hommes dût tomber. — L'agitation des gouvernements étrangers du continent avait une grande part dans l'établissement de la seconde République française pour déchirer ainsi la nation, et nous conseillons nos frères diplomates à y veiller patriotiquement. Car bien que nous ayons éprouvé comme exilé bien de mal aussi en France, nous ne désirerons jamais que la France soit déchirée ou anéantie de la carte européenne par ceux qui détestent la civilisation et la justice au fond de leur abrutissement et vice de la matière, parce qu'ils ne connaissent ni Dieu ni sa loi.

Au contraire nous n'avons jamais manqué pendant toute la carrière de notre activité de lui donner partout notre appui contre ces factieux.

La seconde République française devait donc tomber comme la première sous la conspiration des Français et des étrangers, et Napoléon III sauva la France de l'abîme. Mais la loi maritime internationale n'a subi aucun changement pendant tout ce temps.

(b) *Depuis 1853 jusqu'à la 3ᵉ paix de Paris et à nos jours.*

En commençant cette partie du dernier chapitre, il faut que je fasse connaître mes regrets de ne pouvoir y mentionner les conventions que je suppose avoir été conclues entre la France et l'Angleterre, sur l'observation du droit maritime international pendant la dernière guerre (1).

(1) Heureusement nous pouvons dire que les belligérants n'avaient pas

J'avais fait des démarches à Londres pour en
prendre connaissance, mais elles sont restées inu-
tiles. D'abord, j'avais échoué auprès de l'amirauté
qui m'écrivait à Londres, la lettre ci-dessous, et
M. le consul-général de France à Londres ne s'était
point donné la peine d'en faire les démarches nécessaires en s'excusant qu'il aurait besoin lui-même
d'une autorisation pour faire de telles recherches. (1).

Comme nous avons déjà eu occasion de le dire plus
haut : « La maxime du droit maritime international
resta jusqu'à nos jours, telle qu'elle eût été employée
pour le droit maritime international, avant l'époque
de Napoléon, et les nations se trouvèrent ainsi satis-

conclu des conventions particulières à cet égard et avaient soutenu les
mêmes maximes du droit maritime international, qu'ils avaient employés
avant les guerres continentales de Napoléon. Nous en avons suffisamment parlé ci-dessus pour les connaître.

(1) Voici donc la lettre de l'amirauté de Londres :

Admiralty, may 18, 1858.

« Sir,

« In reply to your letter of the 14 instant requesting to be furnished
« with certain papers belonging to international law and the arrangement
« made upon that subject between this country and France in the years
« between 1853-1856, I am commanded by the lords commissioners of the
« admiralty to acquaint you : that you must apply through the Minister
« of the country to which you belong.

« I am, Sir, your obedient servant.

Signé : « Reisel. »

Qu'on juge donc de ce refus contraire aux intérêts de la science et de
la civilisation. Mais le malheur de notre civilisation est justement, que
le secret de la diplomatie est le mal et que le diplomate et l'homme d'é-

faites en voyant condamner le système continental, inventé par Napoléon. »

Dans une telle situation, chaque gouvernement et chaque nation pouvait faire ce qu'il lui avait plu d'entreprendre contre une autre nation, sans rendre compte aux tiers et aux lois équitables.

Quelques jugements sans fonds et plein de non sens out été cependant rendus en Angleterre et en France concernant la prise faite pendant cette guerre.

En juillet 1854, un navire allié a été condamné par la cour Anglaise parce qu'il passait par le Danube bloqué alors. Un autre navire danois avec une cargaison neutre, a été condamné parce qu'il passait par un port russe bloqué, et l'Anglais qui était devenu pendant la guerre propriétaire du navire et de

gitation, de conspiration, de persécutions et de coalition, sont considérés comme l'un et le même personnage; tandis que le diplomate devrait être l'homme le plus équitable, le plus instruit, le plus loyal et le plus consciencieux des hommes; car au fond c'est le diplomate qui dirige la destinée des nations et de leurs gouvernements. — D'ailleurs on est arrivé à la conviction que la diplomatie fait la politique, comme le jésuite fait du jésuitisme de sorte que le but sacre le moyen, même s'il est criminel.

Mais nous verrons dans le second volume du présent ouvrage, qu'une telle politique n'est nullement justifiée ni devant Dieu ni devant les hommes, et c'est au premier chapitre où nous avons tracé les limites d'une politique honorable pour arriver à l'exécution du droit et de la justice. Car la politique n'est que le moyen légal pour faire valoir le droit par la justice.

la cargaison dudit vaisseau, n'en avait pas payé le prix entier ; etc., etc. Nous pouvons apprécier de telles inconséquences juridiques en étudiant dans le second volume les maximes contraires à cette jurisprudence volontaire et injuste.

La guerre de 1853 commença sous de tels auspices. — Enregistrons d'abord la conduite de la Russie envers les autres nations.

(c) *Le massacre de Sinope exécuté par la Russie.*

La guerre entre la Russie et la Turquie n'était pas encore proclamée et il y avait encore lieu de croire que la paix se soutiendrait. — Mais la Turquie et la Russie faisaient des préparatifs pour la défense réciproque de leur pays, dans le cas où la guerre serait proclamée.

Occupée de ses préparatifs, la Turquie transporta ses militaires d'un côté de son pays à un autre, et délogea ainsi ses troupes pendant la paix par la voie maritime.

Mais les vaisseaux de guerre turcs contenant les

troupes furent attaqués devant Sinope par des navires de guerre russes, qui détruisirent une grande
partie de la flotte turque et massacrèrent plus de
40,000 hommes qui s'y trouvaient. Cette action fut
donc commise par la Russie contre la Turquie pendant le temps de paix.

Des reproches graves lui étaient alors adressés de
la part de la France et de l'Angleterre et qui lui faisaient entendre qu'un tel acte devenait un brigandage, et protestaient hautement contre l'illégalité
de cette mesure.

Mais la Russie protesta de son côté contre l'interprétation anglaise et française, et déclara hautement
avoir agi légalement par la destruction de la flotte
turque et des 40,000 hommes qu'elle transportait
pendant le temps de paix. — Car elle disait :

« Si je n'avais pas détruit ces instruments de
« guerre, la Turquie aurait pu s'en servir si j'étais
« tombé en guerre avec elle. »

Mais une telle justification peut bien passer aux
yeux du gouvernement russe comme bien fondée,
elle ne le sera jamais devant la loi maritime internationale, et tant qu'il y aura des jurisconsultes et des
historiens, le gouvernement de la Russie sera accu-

sé : d'avoir abusé de ses armes et de les avoir salies comme un brigand qui fait usage de son poignard en assassinant les passants paisibles sur la route.

Car le premier principe du droit maritime internal et reconnu par tout le monde, même par les peuples le plus sauvages, c'est : *qu'aucune nation ne peut entreprendre légalement un acte hostile contre une autre nation pendant le temps de paix, et avant que la guerre ne soit proclamée.*

La Russie craint la loyauté et la loi équitable du droit public, parce qu'elle ne vit que par l'injustice, et elle déteste d'autant plus l'équité de la loi internationale, qu'elle veut pouvoir agir illégalement envers les autres nations.

Elle peut le faire sans en être punie, puisqu'elle n'y est engagée en rien, ni par un Code international ni par la justice des nations dont des certains gouvernements corrompus même constitutionellement comme l'est la Belgique, etc., sont ses amis intimes.

C'est aussi par ce motif que la Russie n'a pas eu de honte en profanant le premier principe du droit maritime international mentionné plus haut.

(b) *Le massacre de Hango et le droit du drapeau
parlementaire méprisé par la Russie.*

Après le massacre de Sinope, la guerre fut déclarée
à la Russie par la Turquie, la France et l'Angleterre,
et il s'en suivit naturellement : le rappel des agents
diplomatiques et une déclaration des objets qui ont
qualité de contrebande.

Mais aucune loi réciproquement valable pour les
nations en guerre et les nations neutres n'y fut observée.

La guerre est un acte du barbarisme, pourtant il
fallait y avoir recours contre l'injustice et l'oppression de la ligue russe.

Les armes de la France de l'Angleterre de la
Sardaigne et de la Turquie défirent alors la Russie
agressive sur le continent, et les forces maritimes
françaises et anglaises la défirent sur la mer.

Ainsi donc la Russie ne put agir sur la mer pendant
tout le temps de la guerre, parce qu'elle y fut tenue
en échec par la France et l'Angleterre, et par ce motif elle ne put pas faire une mauvaise application de

la loi maritime internationale. — Tant que la France et l'Angleterre seront unies, elles seront aussi fortes à l'avenir pour conjurer tout abus à la loi équitable des nations.

Mais voyons en quel sens elle avait respecté le droit international en général et en particulier, au sujet du drapeau parlementaire présenté par des marins anglais à la côte russe.

Nous avons publié à Londres, en 1856, un opuscule (1), portant le titre : « Juridical piece on the « Hango affaire or english flag of truce insulted and « violated by Russia ; indemnity for damages, etc. » Nous pouvons en citer le point essentiel pour prouver l'illégalité de cette action de la part de la Russie.

Ce fut devant la ville de Hango que l'amiral anglais stationna avec sa flotte alliée, et qu'il envoya des prisonniers russes pour les faire échanger à Hango contre des prisonniers anglais, et cet acte devait être exécuté selon une convention préalable faite entre les autorités supérieures russes et anglaises.

Les Anglais agissaient donc de bonne foi en s'em-

____

(1) Cet ouvrage se trouve avec une très-grande partie de mes autres ouvrages déposé à la bibliothèque de l'Institut de France et à la bibliothèque Impériale de Paris.

barquant pour Hango, ayant les prisonniers russes à bord de leur chaloupe sur laquelle flottait le drapeau parlementaire.

Mais en arrivant à Hango, et après avoir débarqué les prisonniers russes, tous les soldats et marins anglais qui les accompagnaient furent fusillés sur-le-champ, leur capitaine fait prisonnier, et le drapeau anglais déchiré ; car l'autorité russe à Hango, déclara qu'elle ne connaissait ni des parlementaires ni le drapeau parlementaire, et avec cette intreprétation du droit maritime international, elle ordonna le massacre des Anglais, et s'empara illégalement des prisonniers russes.

Dès que l'autorité anglaise eut connaissance de cette action barbare, elle protesta contre ce mépris du droit international. Mais cette protestation ne se fondait point sur une base juridique, et l'Angleterre ne demandait pas non plus d'indemnité ni de dommages et intérêts, comme satisfaction de cet acte illégal.

La Russie voyant que la diplomatie anglaise ne produisait aucun motif juridique pour sa défense, — fit expédier à l'amiral Dundas (alors amiral en chef de la flotte alliée dans la Baltique), la dépêche du mois de juillet 1854, dans la quelle le ministre de la marine russe, et au nom de l'Empereur, cherche à justifier l'acte exécuté par l'autorité de Hango, en prenant pour justification l'autorité de *Vattel*, non pas la partie de son ouvrage qui traite du drapeau parlementaire sur la mer ; mais l'endroit bien choisi dudit ouvrage qui concerne la communication par terre entre les troupes belligérantes.

Cette dépêche a été laissée sans réplique de la part du gouvernement anglais, et avec tort.

Le ministre russe argumenta avec Vattel, en disant : « L'autorité suprême seule des belligérants, a le droit d'envoyer à des places bloquées, des hérauts et des trompettes, et ceux qui n'ont pas cette qualité doivent être traités comme espions. »

Nous avons dit tout à l'heure que cette argumentation ne peut être applicable au droit maritime international, et même d'après elle, les Anglais ne pouvaient pas être traités d'espions et fusillés, puisqu'ils étaient envoyés d'une autorité supérieure à l'autre.

De plus, Vattel lui-même reconnaît pour indispensable et juste, que tout individu doit être légalement jugé avant d'être puni, ce qui n'a pas eu lieu pour les Anglais à Hango. C'est donc par ces motifs que le ministre russe n'a pas pu justifier l'acte exé-

cuté par l'autorité militaire à Hango, et par conséquent, selon H. Grotius (liber II, 19, v. 13-18), « De
fide inter hostes » — la Russie aurait été tenue à des
dommages et indemnités, sans doute au profit des
familles des soldats massacrés à Hango, puisqu'ils
n'avaient pas légalement péris dans la guerre.

Tout en employant ainsi une défense sans fond,
le ministre russe avait donné UNE LOI CONTRE TOUT
PRINCIPE MARITIME INTERNATIONAL en statuant :

« Que la marine anglaise et française ne pourraient à l'avenir être en communication qu'avec trois
ports russe de la Baltique dans lesquels ils auraient
la liberté de se présenter avec le drapeau parlementaire. »

Jusqu'ici il était reconnu par toutes les nations et
par tous les écrivains qui ont traité plus spécialement
du drapeau parlementaire :

« Que c'était une nécessité non-seulement pour la
« stratégie de la guerre mais aussi pour cause d'hu-
« manité, que le drapeau parlementaire et les par-
« lementaires pussent se présenter légalement à
« l'ennemi à chaque moment et sur chaque place où
« les circonstances les demanderaient.

Si donc le ministre russe et au nom de son Empereur, avait donné une loi qui ne permettait au pavillon parlementaire de se présenter qu'à certaines places ou plutôt qu'à certains ports, c'eût été aussi une violation de la loi maritime internationale; car pour que la bienfaisance soit produite par l'usage du drapeau parlementaire dans l'intérêt de la civilisation et de l'humanité, — il faut qu'il puisse se présenter à chaque moment et à chaque place occupée par l'ennemi. Dans le second volume du présent ouvrage, nous avons plus spécialement encore traité de cette question en y donnant la loi telle qu'elle devrait être.

Telle était jusqu'ici la loi des nations observée partout et à chaque époque et qui fut rompue par la Russie. Mais cette rupture ne peut point influencer le droit maritime international, et le principe posé plus haut doit être observé à cet égard, comme il avait été pratiqué dans le passé.

De ce principe résulte naturellement : de pouvoir être en communication avec toutes les places ennemies sous le pavillon parlementaire. C'est donc en vain que le ministre russe et ses partisans nous dictent une loi qui ôte le respect au pavillon parlementaire, et qui est contraire à tout principe de l'humanité et de l'ordre pendant la guerre.

Le ministre russe et par l'indication faite dans sa dépêche : que le pavillon parlementaire peut se présenter devant quelques places a donc reconnu lui-même par ce fait : que le respect est dû au pavillon parlementaire et en conséquence il condamne l'autorité russe qui ne l'avait pas respecté et avait exécuté le massacre de Hango. Puisque les lois n'ont pas d'après le premier principe de la jurisprudence, de force rétroactive, la loi russe donnée par cette dépêche et postérieurement au massacre de Hango, ne pouvait pas être admise comme justification de ce massacre.

Nous avons démontré : que le ministre russe a dû violer la loi maritime internationale, pour justifier le massacre de Hango d'après sa propre idée.

Pourtant la loi concernant le drapeau parlementaire reste invariable et le pavillon parlementaire (sur terre aussi bien que sur la mer) peut se présenter légalement partout et à tout temps — à l'ennemi qui doit le respecter en suspendant toute hostilité contre ceux qui sont sous la protection dudit pavillon parlementaire. — Il y a des causes naturelles, c'est-à-dire des arrangements à faire entre les belligérants pendant la guerre, comme les enterrements des morts, l'enlèvement des blessés et d'autres motifs, — qui «hu-

manitatis causâ » prescrivent ladite loi, et qui doit être valable pour toutes les nations.

Nous avons aussi dans ce même sens protesté dans notre brochure contre la violation du droit maritime international par la Russie, et entre autre démontré que le ministre russe s'est défait lui-même par les propres arguments de Vattel qu'il avait employés pour justifier le massacre de Hango, puisque des trompettes et des hérauts ne peuvent pas servir sur la haute mer et ne peuvent être employés que sur la terre ; que les marins envoyés à Hango avaient été envoyés d'un autorité supérieure à l'autre, qui selon Vattel ne devraient pas être condamnés ; que les prisonniers doivent être jugés avant d'être condamnés et fusillés.

Mais il nous importe de rétablir la loi équitable, donnée plus haut à l'égard du drapeau parlementaire, et par ce motif il fallait détruire l'argument russe.

MESURES CONTRE LES MARCHANDS ÉTRANGERS
EN RUSSIE, EN FRANCE ET EN ANGLETERRE,
PENDANT LA DERNIÈRE GUERRE.

I. LA RUSSIE.

La France et l'Angleterre, etc., étaient en guerre
contre la Russie. Mais tandis que les Français et autres sujets des nations en guerre contre la Russie,
pouvaient rester en Russie et y continuer leur résidence, — les négociants et les particuliers anglais
furent forcés de quitter la Russie. — Cette mesure en
elle-même était d'autant plus injuste, qu'elle ne s'ap-
pliquait qu'aux Anglais. — C'était donc une mauvaise loi illégalement pratiquée. — Mais l'Angleterre,
qui selon la « *magna carta* » qui garantit la liberté
personnelle à tout le monde ne pouvait pas expulser
les Russes, et la France qui donna aux Russes la permission de résider en France pendant la guerre,
avaient été beaucoup plus loyales à cet égard pendant

la dernière guerre et donné une autre loi concernant les étrangers résidant dans un pays qui fait la guerre à leur pays natal.

La Turquie et la Sardaigne ont suivi le même principe à cet égard.

II. LA FRANCE.

Depuis le commencement de la guerre contre la Russie, le Conseil des prises fut nouvellement institué à Paris pour exercer l'autorité sur la loi maritime internationale. — La France avait complétement abandonné le système continental, et avait employé le droit maritime international tel qu'il fut pratiqué à la fin du règne de Louis XVI et au commencement de la République française.

Un décret du ministre-amiral de la marine française, M. Ducos, déclara contrebande tout ce qui est de nature à servir à l'ennemi dans la guerre. — Un autre décret autorisa les croiseurs à amener leur prise dans le port le plus proche de la place où la prise a été faite, et d'en donner connaissance au gouvernement.

Le corsaire ne fut plus employé par le gouvernement français dans la guerre de 1853, et toute prise fut faite légalement par des navires de guerre seulement, mais on abandonna fort inconséquemment une partie de la valeur de la prise aux officiers qui l'eurent faite.

Dès lors que le bruit se répandit que l'Amérique avait l'intention d'exercer une neutralité armée en faisant accompagner ses navires neutres par des corsaires, — la France et l'Angleterre protestèrent énergiquement par une dépêche diplomatique envoyée à Washington contre une telle neutralité et l'emploi général des corsaires.

L'Amérique frappée par la justesse des observations qui lui étaient faites selon la loi maritime internationale abandonna alors son projet. Un décret du gouvernement français donna permission aux Russes de continuer leur résidence en France pendant la guerre, sous la condition qu'ils se conformeraient aux lois françaises.

Ce décret répondit plus au droit naturel que celui que la Russie eut lancé contre les Anglais et dont nous avons fait mention plus haut.

Dès que le traité de paix fut signé, l'empereur des Français ordonna une partie la restitution des prises faites sur la Russie, ce qui est peu justifié par le droit maritime international. — Car la nation avait payé cher la guerre contre la Russie, et non-seulement elle n'avait pas eu la restitution des frais de guerre , mais elle était encore forcée de restituer ce qu'elle avait légalement saisi sur l'ennemi pendant la guerre.

Il est un ancien principe du droit maritime international qui dit : que tout ce qu'on prend sur l'ennemi pendant la guerre devient possession légale pour l'autre part, qui s'est emparée de la chose ennemie.

Ainsi donc, d'après cette loi naturelle, et comme nous l'avons dit à un autre endroit dans notre Code raisonné, l'ordre généreux de Napoléon III était un ordre contraire à la loi maritime internationale.

III. L'ANGLETERRE.

Les principes posés dans l'ouvrage de sir William Scott, publié par M. Robinson dont nous avons parlé dans le chapitre précédent, ont été exécutés par l'Angleterre par la cour d'amirauté pendant la dernière guerre.

En ce qui concerne la navigation et le commerce international en Angleterre nous n'avons qu'à dire ceci :

« L'acte du parlement rendu sous le règne de Cromwell et dont nous avons parlé plus haut au chapitre qui renferme l'époque du XVII° siècle, avait pour but d'interdire le commerce et la navigation directe des étrangers avec les colonies anglaises, et il n'était qu'une copie de la loi espagnole, qui avait été révoquée sous le ministère Palmerston. »

C'est sans doute une action légale ; mais si l'on pense que la France avait devancé à cet égard l'Angleterre de près d'un siècle, l'on remarquera facilement la différence entre la civilisation de ces pays.

L'Angleterre aime le privilége au-dessus de toutes autres nations et même au-dessus de l'équité; la France aime la raison employée en ses actes publics : c'est la différence entre la civilisation morale et la civilisation physique. Privilége et richesses sont le motif et la cause de l'existence de la société anglaise; raison et richesses sont le moteur du gouvernement de la société française. Pourtant la civilisation à cet égard marche maintenant à grands pas en Angleterre.

Les riches fermiers anglais, qui jusqu'en 1846 avaient le privilége de vendre cher leurs blés pour ne pas laisser aux pauvres le pain à bon marché en éloignant du marché anglais toute concurrence étrangère par une taxe énorme sur les blés étrangers, ne cédèrent qu'à grand regret à la loi de 1846 qui réduisait les taxes d'entrée, abrogea en même temps leur privilége et donna liberté au commerce étranger et à la navigation internationale. — Mais aujourd'hui encore ils résistent à l'effet de cette loi, et espèrent la faire abolir plus tard, sous l'agitation des protectionistes, — qui voudraient anéantir dans leur pays la navigation et le commerce étrangers. — Jalousie et malveillance ont été toujours les moyens dont la moyenne classe et les marchands anglais se servaient contre les étrangers, pour les éloigner de leur pays ; — mais ce n'est certes pas par là que l'Angleterre peut grandir en respect aux yeux des nations du monde.

Il ne faut donc pas nous étonner que les fermiers anglais cherchent aujourd'hui encore à renverser le gouvernement anglais qui les a conduits vers un chemin loyal envers les étrangers ; mais espérons que le gouvernement continuera ses efforts pour civiliser l'Angleterre par des lois équitables et par une protection des étrangers contre les abus.

Il est remarquable que bien que l'Angleterre et la France fussent alliées dans la dernière guerre, elles n'eurent pas partagé les bénéfices et les pertes matériels qui en résultèrent, et ainsi les prises faites par chacune de ces puissances devinrent la propriété de celle qui les eut effectuées. Mais la loi naturelle admet les alliés à la jouissance égale, c'est-à-dire aux parts égales de tout ce qu'elles acquièrent en poursuivant leur cause commune, comme ils sont aussi obligés aux parts égales dans les pertes qui en proviennent (1).

(1) (Voir page 224, concernant les jugements de l'amirauté au suje des prises.)

Deux causes graves se présentèrent pendant cette guerre, causes qui doivent être jugées d'après la loi maritime internationale. Ce fut l'arrestation du consul anglais à Cologne sur le Rhin et de celui en Amérique, dénoncé : d'avoir recruté des hommes pour l'armée anglaise.

Il est important de savoir si cette action des consuls, quand même elle eût été consommée, était contraire à la loi internationale, pour justifier ainsi l'arrestation de l'autorité maritime anglaise en Prusse et en Amérique. — Pour arriver à un jugement il faut que nous considérions deux points :

1° L'action elle-même ;

2° Et l'autorité du consul dans un pays étranger et le respect qui lui est dû.

En ce qui concerne le premier point, nous devons d'abord avoir recours aux lois du pays et demander s'il est permis d'émigrer selon la loi du pays ? et si les citoyens en général peuvent arranger leurs affaires privées d'une manière indépendante de toute autorité du gouvernement ?

Il n'y a maintenant après la révolution de 1848 qui abrogea l'ancienne loi sur l'émigration, aucune loi en Prusse qui défend ou restreint l'émigration de Prusse, et la constitution actuelle la permet d'une manière positive et garantit bien que par la lettre seulement, la liberté personnelle. Il en est de même en Amérique.

Un recrutement fait dans ces pays et dans un sens qui ne touche que ces deux points de l'indépendance des citoyens de leurs gouvernements n'était donc pas illégalement fait puisqu'il n'y a aucune loi qui empêche de le faire.

Mais on avait objecté que cela romprait la neutralité dans laquelle ces pays se trouvaient alors, et l'action deviendrait illégale par ce motif, envers la qualité des neutres.

Il faut y répondre : que dès lors que les citoyens n'ont pas reçu des armes et n'ont pas jurés dans leurs propres pays d'obéir à une autre autorité qu'à celle de leurs pays, — la qualité hostile n'est pas dans des citoyens neutres et par conséquent il n'y a point là d'acte contre la neutralité.

D'ailleurs si les citoyens changent leur nationalité pour celle du pays où ils se rendent et veulent servir, il n'y a plus en eux la nationalité neutre.

Les consuls anglais à Cologne et à Washington en engageant sous ces conditions des citoyens prussiens et américains au service de S. M. la reine Victoria, avaient donc agi légalement, et aucune loi du droit des gens, ne leur interdisait cette action. Pourtant ils ont été arrêtés, emprisonnés et accusés par un tribunal étranger à cause cet acte.

Nous avons démontré plus loin dans notre Code, que le consul représente la nation qui l'a envoyé en un pays étranger pour y sauvegarder les intérêts nationaux et en cette qualité lui aussi bien que tout autre agent du gouvernement, n'est pas compris dans la juridiction de ce pays étranger et non plus soumis à ses lois.

C'est une règle que les nations se sont donnée entre elles comme privilége pour avoir la certitude que leurs consuls conserveront *leur indépendance envers les autorités étrangères*, pour pouvoir soigner leurs intérêts avec une impartialité parfaite.

Telle est la raison et le motif juridique pour lequel l'autorité étrangère n'a aucun droit d'exercer son influence législative ou exécutive sur le consul envoyé pour résider auprès d'elle.

Le consul, comme tout autre agent du gouvernement envoyé dans un pays étranger, pour agir dans l'intérêt public de son pays, représente la nation entière, tant qu'il est porteur d'un mandat qui lui confère cette mission. Toute insulte commise envers ces envoyés, — de la part d'une autorité officielle, doit par ce motif, être considérée comme étant commise envers la nation entière.

Par ces raisons, l'arrestation des consuls anglais, était non-seulement un acte contre le droit des gens, mais aussi une insulte faite à la nation anglaise, et contraire au droit maritime international qui veut l'indépendance des consuls.

IV LES DROITS DES NEUTRES GARANTIS PAR LE
TRAITÉ DE LA TROISIÈME PAIX DE PARIS
DE 1856.

La France, l'Angleterre, la Sardaigne, l'Autriche,
la Prusse, la Turquie et la Russie, signèrent une déclaration cohérente au traité de paix de 1856, dans
laquelle elles reconnurent les principes suivants du
droit maritime international envers les neutres.

Elles déclarèrent :

1° L'abolition des corsaires ;

2° Le drapeau ou pavillon neutre couvre la marchandise ennemie excepté la contrebande ;

3° Le pavillon ennemi couvre les marchandises
neutres ;

4° Le blocus doit être positif et soutenu par une
force suffisante pour avoir une validité, et pour être
considéré comme légal.

Nous avons discuté ces quatre points dans certaines parties de notre Code du 2° volume, et comme on y

trouvera notre raisonnement, nous pensons qu'il est superflu de nous prononcer ici davantage sur ce sujet. Nous avons dû considérer les déclarations 2ᵉ, 3ᵉ et 4ᵉ, comme contraires au droit maritime international, tandis que nous avons trouvé la stipulation contenue dans le nᵒ 1, concernant l'abolition des corsaires, parfaitement juste et répondant au droit des gens.

L'Amérique a protesté contre la validité desdites déclarations et s'est refusée d'y adhérer; elle les déclare fausses en leur principe. Bien que le célèbre diplomate américain, M. Wheaton, les défend dans son ouvrage que nous connaîtrons par la suite.

Nous lui donnons raison à l'égard de la déclaration 2ᵉ, 3ᵉ et 4ᵉ puisque nous sommes avec elle de la même opinion.

Mais en ce qui concerne l'abolition des corsaires, elle est indispensable dans l'intérêt de la civilisation, car on a malheureusement trop reconnu les abus que les corsaires commettaient sur la haute mer, qui devenaient égaux aux actions des pirates, qui ne sont pas autre chose que le brigandage le plus ouvert sur la mer. — Mais notre civilisation ne souffre pas le brigandage ni sur la terre ni sur la mer, et par ce motif il faut être loyal et supprimer les corsaires qui en sont les auteurs puisque nous savons par expérience, qu'ils se livraient à chaque époque des guerres, à de grands abus de leur pouvoir.

Mais les navires militaires n'ont aucun intérêt à commettre, et ne peuvent commettre de tels abus, puisqu'ils sont sous la surveillance de leurs supérieurs et de leur gouvernement, qui est responsable de leurs actions générales.

Les chapitres de notre Code traitant de la visite, res hostium, et res amicorum, des reprises et prises et du blocus, — donneront ainsi un raisonnement juridique complet à l'égard de la déclaration mentionnée plus haut, qui forme une obligation entre les puissances signataires seulement. Nous avons seulement à ajouter, qu'il aurait été très-avantageux pour toutes les nations si le Congrès de paix avait en même temps fixé les articles que doit comprendre la contrebande.

V ÉCRIVAINS MODERNES.

GÉRARD DE RAYNEVAL

L'auteur le plus versé dans son sujet est Rayneval ; c'est un juge impartial dans les questions qu'il traite ; mais lui aussi se fient trop aux usages et aux traités pour favoriser la base du droit maritime international de l'école historique, bien qu'il veut la défendre par le droit naturel des gens.

Gérard de Rayneval, diplomate français, a publié un ouvrage : *Institutions du droit de la nature et des gens*, 1803. »

Rayneval dit, dans le 3ᵉ chapitre de son ouvrage, que les droits des nations doivent être réglés d'après le droit international et que toute nation conserve son indépendance sur l'océan qui est ouvert à toutes les nations et qui y ont un droit égal. — Tous peuvent l'utiliser avec une liberté entière et cette liberté ne peut pas être restreinte sans attaquer en même temps l'indépendance de ceux qui l'utilisent — Il dit au 5ᵉ chapitre : que toutes les nations doivent être obligées à suivre une juridiction réciproque. D'après le 8ᵉ chapitre, les armes et les munitions seulement sont de la contrebande; mais non pas les objets maritimes, puisqu'ils ne sont pas dangereux, et selon le 9ᵉ chapitre il trouve qu'il est juste de saisir des biens ennemis sur un vaisseau neutre.

Comme le *Consolato del mare* ne condamne pas les biens neutres dans un vaisseau ennemi, Rayneval ne les condamne pas non plus au 10ᵉ chapitre.

Quant au commerce il dit au 11ᵉ chapitre, que l'Angleterre et plusieurs autres États ont déclaré que le commerce des neutres ne pouvait pas être permis pendant la guerre et avec les belligérants.

Dans le 14ᵉ chapitre, Rayneval se déclare contre la confiscation des vaisseaux neutres et il ne l'admet que dans le cas où ils transportent de la contrebande.

Il dit positivement au 15ᵉ chapitre que les proclamations et déclarations n'obligent en rien les nations, qu'elles les obligent seulement en tant qu'elles sont en rapport avec les obligations réciproques des nations. — C'est ici où Rayneval a voulu faire entendre la nécessité pour la fondation d'un Code universel du droit maritime international.

Dans les 16e et 17e chapitres il soutient que le droit à la visite des navires et à la recherche n'est permis que dans le cas où les navires ont offert de la résistance. — Il en vient à la neutralité armée et il l'excuse par le 18e chapitre en disant qu'elle est légale et que des forces militaires peuvent accompagner les neutres s'il y a des traités, des déclarations ou des lois communes qui permettent cette protestation. — Mais s'il n'y a ni traité ni déclaration, le droit des gens reprend tout son empire. — Le chapitre 19 traite du blocus et dit qu'il faut le soutenir par une force suffisante pour être valide. À l'égard des prises et de leur condamnation il dit au 20e chapitre :

« Un bâtiment neutre en pleine mer est hors de
« toute juridiction étrangère, et la plus légère at-
« teinte à son immunité est une offense. — Tel est
« le principe général, positif, incontestable du droit
« des gens ; » mais il continue en parlant des tribunaux compétents, comme je l'ai exposé ailleurs, et
il dit : « Le droit des gens éprouve en temps de
« guerre des modifications, à l'égard des gouverne-

« ments qui veulent se maintenir dans l'état de paix. »

« Si le croiseur a agi contre les règles du droit des
« gens, ou si le neutre a rompu la qualité neutre, ils
« doivent être jugés par l'autorité compétente. »

Rayneval déclare légale la prise faite dans un port
neutre, et il dit dans ce cas que c'est la puissance
neutre, qui doit juger les affaires relatives à la prise.

FETENS.

L'ouvrage de M. Fetens, contenant plusieurs parties, se divise en ce qui concerne le raisonnement, sur :

1° L'embargo en bâtiment et cargaison sur la mer et les croiseurs ;

2° La contrebande pendant la guerre ;

3° Les droits pendant le blocus ;

4° La visite sur des vaisseaux sous le convoi ;

5° L'organisation d'une cour d'amirauté pour examiner et juger les affaires des prises.

Mais M. Fetens n'y représente que les idées qui nous sont déjà connues par d'autres auteurs. Son ouvrage est intitulé : « Considérations sur les droits « réciproques des puissances belligérantes et des « puissances neutres sur mer. »

Il en est de même des ouvrages de Jouffroy, Saalfeld et Azuni.

MARTENS.

« *Le précis du droit des gens moderne de l'Europe,* »
par M. Martens, professeur à Gottingen, dont nous
avons du reste déjà parlé à un autre endroit, donne
plusieurs règles concernant le droit maritime international. L'auteur dit, au § 314, que les belligérants
n'ont pas le droit d'interdire le commerce entre les
neutres et les belligérants; mais il démontre au
§ 315, que la contrebande en est exclue.

Le § 316 nous apprend que les belligérants peuvent réciproquement confisquer ce qui appartient à
leur adversaire. Mais à l'égard du neutre il fait soutenir la maxime : « *Frei Schiff, frei Gut,* » c'est-à-dire
vaisseau libre, cargaison libre; et puis plus loin :
« Verfallenes Schiff, macht nicht verfallenes Gut ; »
c'est-à-dire vaisseau confisqué ne fait pas confisquer
la cargaison. — Maxime soutenue autrefois par la ligue hanséatique.

Le § 320 est significatif, il ne permet point le
commerce entre les belligérants et neutres avec une

place bloquée sous peine de confiscation des biens et du vaisseau.

Quant aux prises il dit au § 322 que le croiseur n'a pas le droit de disposer de la prise avant qu'elle ne lui soit reconnue. — Martens entre ensuite dans les considérations qu'il soutient au § 324 à l'égard de la loi positive des nations, des traités, déclarations, etc., qui font couvrir la cargaison par le pavillon du vaisseau.

L'autre partie jusqu'au § 326 de son ouvrage concerne aussi la loi positive du droit maritime international.

Mais comme Rayneval écrivit encore sous l'impulsion du système continental, Martens écrivit sous celui du droit historique.

KLÜBER.

Cet auteur s'est aussi trop rapporté aux traités et conventions en soutenant ses arguments dans son ouvrage : « Modernes europæisches Vœlkerrecht. » — (Droit moderne des gens de l'Europe) Stuttgart, 1819.

Après avoir établi aux §§ 250-285, la condition des corsaires et la qualité de la nation neutre il dit, au § 287, que le commerce des neutres avec les belligérants doit être permis, excepté celui de la contrebande, ce qu'il soutient plus spécialement au § 288. — Il examine ensuite aux §§ 289 et 290, la nécessité de faire la visite sur les vaisseaux et les conséquences qui en résultent.

Tous les biens, hormis la contrebande, peuvent être transportés par les neutres, mais non pas aux places bloquées.

L'ennemi ne peut s'en servir qu'en payant sa valeur.

La contrebande envoyée par les neutres peut être

saisie par l'ennemi qui la payera ou la renverra sous la condition que le commerce de ces articles cessera.

D'après cette maxime, la confiscation de la contrebande et l'instrument qui l'a transportée n'est pas justifiée ; mais en se rapportant aux traités antérieurs Klüber dit au § 290 n° 4, que la confiscation est pourtant justifiée.

Il admet par son § 293 la visite, mais non pas les recherches ; et il dit que si le navire est accompagné par un navire de guerre il faut croire la parole du capitaine. Sinon le capitaine doit produire les papiers du navire pour constater que le navire et les marchandises comme le capitaine avec ses hommes sont bien neutres.

Il soutient au § 295, que l'embargo peut être mis sur le vaisseau par la supposition seule que le navire peut être passible de confiscation, et il dit au § 296, qu'aucun tribunal n'est compétent pour juger les prises faites sur la haute mer. Mais l'usage veut que la condamnation soit prononcée par le belligérant et non pas par le tribunal du neutre. — Il considère une place bloquée s'il y a assez de troupes ou de vaisseaux qui empêchent l'entrée dans la place,

et alors il dit aux §§ 297 et 298, le commerce est interdit avec cette place sous peine de confiscation du
vaisseau et de la cargaison, mais la cargaison peut
être restituée s'il est prouvé que le chargeur l'a ex-
pédiée avant que le blocus lui fût connu.

Il n'approuve pas par son § 299, la visite sur un
navire neutre ni la confiscation des biens qui s'y
trouvent et il y applique la maxime : navire libre,
cargaison libre ; — cargaison libre même si le navire
n'est pas libre ; — c'est-à-dire cargaison neutre sur
un navire hostile ne peut pas être passible de confiscation.

Ce qui est bien étonnant, c'est que Klüber se contredit souvent et que ce qu'il trouve juste par le droit
naturel il ne le veut pas reconnaître comme loi, parce
qu'il n'y a pas des traités qui le permettent et qu'il
y a des traités et des usages, dit-il, qu'il faut suivre.
— Le reste de son ouvrage concernant le droit maritime international, depuis le § 301, est consacré à
la neutralité armée et à la partie historique de la loi
maritime internationale.

On voit que Klüber n'avait pas encore l'idée d'un
droit naturel du droit maritime international indépendamment du droit historique. — Ce que nous avons

à reprocher à cet auteur, c'est qu'il a écrit en faveur des neutres (voir §§ 250-294) : « Le pavillon neutre couvre d'après lui les marchandises ennemies, et le pavillon ennemi couvre les marchandises neutres ; la contrebande même ne peut pas être confisquée, il faut la payer aux neutres ; le neutre peut faire défendre ses navires par des escortes, ce qui constitue la neutralité armée. »

Comment défendre de tels principes avec impartialité ? Cela nous paraît impossible ! Il veut que le blocus soit positif, qu'on ne fasse pas de visites sur des vaisseaux neutres, parce que tout cela convient mieux aux neutres. Mais notre Code nous prouvera le contraire de ces maximes si injustes et mal fondées.

WHEATON.

Le docteur Wheaton, diplomate américain, a écrit plusieurs ouvrages concernant le droit public :

1° Elements of international law.

2° Histoire du progrès du droit des gens en Europe, depuis la paix de Westphalie jusqu'au Congrès de Vienne, Leipsick 1841.

3° Digest of the law of maritime capture, New-York 1815.

Plusieurs autres écrits politiques ont été publiés par lui, mais ici nous ne voulons parler que du dernier ouvrage qui concerne le droit maritime international.

Dans le 2° chapitre il soutient que le neutre est maitre chez lui, en ses ports, rades, et baies et dans lesquels aucune prise ne peut être faite légalement.

Il est bien entendu que les biens ennemis sont passibles de confiscation, mais les biens neutres sur les vaisseaux ennemis sont libres, et si le vaisseau est neutre les biens ennemis y sont couverts et ne peuvent pas être confisqués. Il tire cette conséquence après avoir consulté les traités des XVIIe et XVIIIe siècles.

Il continue au 3e chapitre en disant que les belligérants ont droit à la visite et aux recherches sur les navires, et ensuite il dit au chapitre 5 que le privilége obtenu par un belligérant pour faire le commerce est un motif suffisant pour confisquer les marchandises, et au 6e chapitre il condamne la contrebande dont il règle la qualité d'après les traités existants. — Il y dit que la confiscation de la contrebande a pour suite la confiscation du vaisseau. — La violation du blocus est punie de la confiscation du vaisseau et de la cargaison; mais la cargaison doit être restituée si son propriétaire n'est pas en même temps maitre du vaisseau et s'il n'avait pas eu connaissance du blocus. — Mais Wheaton est encore de l'ancien régime, il admet aussi les lettres de marque et la rançon des prises.

———

Plusieurs autres auteurs comme Savigny, Stahl, Fœlix, Ahrends, Buuschli, etc., ont dans leurs ouvrages sur le droit public touché seulement à la question du droit maritime international.

M. d'Ortolan dans son ouvrage sur la diplomatie de la mer, n'a répété que ce que d'autres auteurs ont déjà écrit avant lui, d'après les traités et coutumes pratiqués chez les nations européennes selon le droit historique.

M. de Hautefeuille a publié en 1848 et en 1849, quatre volumes contenant des traités sous le titre : « Droits et devoirs des puissances neutres. » Mais les droits des neutres en général ne peuvent pas résulter des traités, ils doivent résulter du droit naturel.

Un ouvrage qui donne la base des Droits et des Devoirs des neutres et des belligérants a été publié par nous pendant la dernière guerre, sous le titre : « Code du droit et du devoir d'une puissance neutre, par M. Siegfried Weiss, Paris 1854. » L'ouvrage diffère entièrement de l'école suivie jusqu'ici, c'est-à-dire de l'école historique, en établissant des bases fondées sur l'école du droit naturel, dont nous aurons occasion de parler dans le Code qui forme le second volume du présent ouvrage.

<hr>

CONCLUSION.

—

C'est ainsi que les principes du droit maritime international se développèrent depuis les temps les plus reculés jusqu'à nos jours. — Ayant donné dans cette partie de mon ouvrage les opinions très-variées des auteurs, dont j'aurais pu former un recueil très-étendu des lois, des traités, des usages et des ordonnances des gouvernements en les mettant en rapport avec le progrès de la civilisation, mon raisonnement sur ces sujets ne pouvait être qu'invariable selon le droit naturel des gens. — Je pense donc que le présent volume répond exactement à la question posée par l'Académie, et je serai heureux de mériter son approbation. — Mais pour être utile aux nations, je me suis décidé à formuler, à l'aide de ces raisonnements, des lois équitables du droit maritime international basées sur une école nouvelle du droit naturel des gens. Ces lois sont données dans le second volume du présent ouvrage qui contient un Code complet paragraphé du droit maritime international.

Siegfried WEISS.

FIN DU PREMIER VOLUME.

TABLE DES MATIÈRES

DU PREMIER VOLUME.

CHAPITRE III.

CHAPITRE IV.

CHAPITRE V.

CHAPITRE VI.

CHAPITRE VII.

FIN DE LA TABLE DES MATIÈRES DU PREMIER VOLUME.

Coulommiers. — Imprimerie de A. MOUSSIN.